一笑天下無難事。

暢銷書作家
何權峰◎著

高寶書版集團

生活勵志 029

一笑天下無難事

作　　者	何權峰
總 編 輯	林秀禎
編　　輯	尉遲佩文
出 版 者	英屬維京群島商高寶國際有限公司台灣分公司 Global Group Holdings, Ltd.
聯絡地址	台北市內湖區洲子街88號3樓
網　　址	gobooks.com.tw
E-mail	readers@gobooks.com.tw（讀者服務部） pr@gobooks.com.tw（公關諮詢部）
電　　話	(02) 2799-2788
電　　傳	出版部(02) 2799-0909　行銷部(02) 2799-3088
郵政劃撥	19394552
戶　　名	英屬維京群島商高寶國際有限公司台灣分公司
初版日期	2007年2月
發　　行	高寶書版集團發行/Printed in Taiwan
香港總經銷	全力圖書有限公司
地　　址	香港新界葵涌打磚坪街58-76號和豐工業中心1樓8室
電　　話	(852) 2494-7282　傳真　(852) 2494-7609

國家圖書館出版品預行編目資料

一笑天下無難事 / 何權峰著. -- -- 初版 -- --
臺北市：高寶國際 , 2007 [民96]
面；　公分. — (生活勵志)

ISBN 978-986-185-031-3 (平裝)

1. 修身　2. 生活指導

192.1　　95026513

CONTENTS

目・錄

CONTENTS

目・錄

CONTENTS

目・錄

CONTENTS

目・錄

CONTENTS

目・錄

〈作者序〉你只是遺忘笑容

轉臉面向太陽，影子就落到你後面。

——紐西蘭原住民毛利人諺語

曾有人問我：「你總是鼓勵大家不論遇到什麼問題都要微笑以對，不要愁眉苦臉，這會不會有點不切實際，因為若是問題能解決的話，又怎麼會愁眉苦臉?而若是問題無法解決，又怎麼笑得出來？」

這話正好道出了多數人的盲點——要等問題都解決了，才能夠快樂。生病的人以為，要等病好起來，才能夠快樂；做生意的說，要等生意興隆，才會快樂；感情不和的則說，要等感情和樂，才能快樂……。這就是人們一直不快樂的原因，不是嗎?

有一位朋友，每次見面時都心情愉快，眉開眼笑。大家打趣說：「那是因為他家庭事業兩得意，所以才春風得意。」他笑說：「不，我不是因為順心如意才快樂；而是因為我一直很快樂，所以做什麼都順心如意。」

他說得對。不是順心如意讓人歡喜，而是歡喜讓人順心如意。就像心理學家威廉・詹姆士說的：「我們快樂是因為我們微笑，而非我們微笑是因為我們快樂。先微笑，然後快樂就隨之來到。」

人們總是說：如果問題都解決，他們就能夠很快樂，但事實上事情並非如此。如果你很快樂，你就能解決問題。是的，如果你能快樂，你能樂觀去面對，那就沒有解決不了的難題。

你想生意更好，你想感情變好，你希望身體好起來，你期望好運跟著來……不管你想的是什麼，你都必須先快樂起來，你只要是喜樂的，每一件事都會隨之而來。

試試我給你的這個秘訣：先快樂，然後看看會發生什麼。不要再等待快樂的事發生，不要在期待所有的問題都解決了，你已經等得夠久了。快展露微笑吧！

生活壓力！心情低落！情緒緊繃！其實，你遺忘的只是久違的笑容。從現在起，讓自己經常微笑、歡笑，開懷大笑。如果你能夠笑出來，甚至連太陽、雲朵、小鳥、花草都會跟著一起笑，你的世界就變成一個歡樂天堂，如此天下就沒有事能難倒你。

別忘了，在生命中不管遇到任何困難，都不要失去臉上的笑容。

1 太好了！太好了！

樂觀使不幸減半，悲觀使不幸加倍。

有位老先生，他經常說：「太好了！太好了！」日子久了，這句話也就成了他的口頭禪。如果遇到一連下了好幾天的暴雨，很多人為天氣不能放晴而大發牢騷的時候，他就說：「太好了！太好了！這些雨要是一天內全部下下來，不就會到處洪水成災了嗎？老天把雨水分成好幾天下，這不是很值得慶幸嗎？」

有一次，他太太患了重病，他的朋友認為這次他總不會再說：「太好了」吧。於是大夥兒就特地跑去探望他的太太。他們一進大門，就很急切地問道：

「貴夫人的病嚴不嚴重啊？」誰知道老先生還是說：「太好了！太好了！」朋友們聽了不由得火冒三丈，便質問：「這次就是你不對了，你太太生病，正痛苦地躺在床上，你卻說『太好了』你未免太過分了吧！」

老先生很無奈地回答他們：「你們不知道，我活了這大把年紀，從年輕到老，始終是太太在照顧我；這一次她生了病，讓我有機會好好照顧她，以報答她平日照顧我的恩情，這種事情不算好嗎？」

這故事說的是正面思考。樂觀使不幸減半，悲觀使不幸加倍。

阿拉伯有句諺語：「別惱怒玫瑰花叢帶著刺，應該慶幸，在刺叢中長出玫瑰。」世人常因玫瑰多刺，而抱怨上蒼；卻少有人因刺上有玫瑰，而感謝造物主。玫瑰與刺，就像幸福與不幸，你要去抱怨還是覺得慶幸，你要說「太慘了」，或是說「太好了」，全看你自己。

在美國唸研究所時，我認識的一位室友，他現在是瑞典駐美使節，有一次餐會上巧遇，由於許久未見，所以我就簡單問候他：「你近況好嗎？」

他回答說：「很好。」

我問：「你家人呢，他們都好嗎？」

他回答說：「孩子、父母，他們都很好。」

「那你的太太呢？」

「她也很好！」他回答說：「自從她三年前過世之後，一直都很好。」

她將「永遠」很好！

2 今晚就可以吃到蘋果餡餅了！

智者不為自己失去的悲傷而哭，而為自己擁有的歡喜而活。

在一個鄉村裏，有一對貧窮的老夫婦，有一天，他們想把家中唯一值錢的一匹馬拉到市場去換點更有用的東西。老頭牽著馬去趕集了，他先跟人換一頭母牛，又用母牛去換了一隻羊，再用羊換來一隻肥鵝，又把鵝換了母雞，最後用母雞換了別人的一大袋爛蘋果。

在每次交換中，他都想給老伴一個驚喜。

當他扛著大袋子來到一家小酒店歇息時，遇到兩個英國人。閒聊中他談起了自己趕集的經過，兩個英國人聽後哈哈大笑，說他回去一定會挨老婆一頓罵。老頭子堅持聲稱絕對不會，英國人就用一袋金幣打賭，於是三人一起回到老頭子家中。

老太婆見老頭子回來了，非常高興，她興奮地聽老頭子講趕集的經過。每聽老頭子講到用一種東西換了另一種東西時，她語氣都充滿了對老頭子敬佩。她嘴裏不時地說著：「我們有牛奶喝了！」

「羊奶也同樣好喝。」

「哦，雪白的鵝毛最漂亮了！」

「哦，我們有雞蛋吃了！」

最後，聽到老頭子背回一袋已經開始腐爛的蘋果時，她同樣不慍不惱，高興說：「太好了，我們今晚就可以吃到蘋果餡餅了！」結果，英國人輸掉了一袋金幣。

古羅馬新斯多葛派哲學家愛比克泰德（Epictetus）說過：「智者不為自己失

去的悲傷而哭，而為自己擁有的歡喜而活。」

你注意過那些幸福的人嗎？他們的生活並非都是完美無缺，他們之所以會如此幸福，那是因為他們願意接受現況，他們總是隨遇而安；由於他們不去抗拒錯誤，所以痛苦也就不會產生。

你無法打擊一個接受一切錯誤的人，不是嗎？你怎能激怒一個不計較、不在乎的人？沒辦法，對嗎？你永遠都無法打敗一個「不想贏」的人。

3 你也太挑剔了！

每個缺點後面都帶有一個相對的優點，只要你願意去找，就一定找得到。

有個年輕人託媒人婆介紹女孩，這天，媒人興沖沖地告訴那個年輕人，已經找到一個非常好的女孩。沒想到當媒人說出那女孩是誰時，他整個臉都跨了下來。

「你幹嘛拿我開玩笑？」他生氣地問道。

「我哪是開玩笑！」媒人說：「我是認真的，這麼好的女孩。她有什麼地方你不中意的？」

「不中意？她可是個瞎子！」

「你認為這是缺點嗎？在我看來，這是個優點。你可以自由地做任何事情。」

「但她還是個啞巴。」

「對於女人來說，這也是很難得的，你不會聽到她罵你的話。」

「她也是個聾子呀！」

「這難道不好嗎？你可以盡情地罵她，而她卻不會回嘴。」

「她還是個跛子呢！」

「這也是缺點嗎？你可以到處去追別的女人，而她不可能追到你。」

「她還是個駝背！」

「這你也太挑剔了！」媒人叫道：「你難道就不能容忍她一點小缺點嗎？」

每個人的缺點之後往往都帶有一個相對的優點，這是真的。

「動作很慢」反過來看，就是「慢條斯理」；

「個性很急」反過來看，就是「積極進取」；

「性情固執」反過來看，就是「意志堅定」；

「口無遮攔」反過來看，就是「純真直率」……

每個人缺點後面往往都帶有一個相對的優點，只要你願意去找，就一定找得到。

4 不幸中的大幸

事情雖有不幸或糟糕的一面，但也有好的一面。

李先生三十歲就與世長辭了，出殯時，隔壁太太安慰了李太太一番。

李太太眼淚汪汪的說：「他生前並沒有真心愛過我，而且留下八個孩子，以後的日子怎麼過呢！」

「真可憐！」

隔壁的太太則反過來安慰她說：

「這也是不幸中的大幸，如果妳的先生真心愛過妳的話，妳就更慘了！」

受害者的特徵之一，就是無法認知到事情雖有不幸或糟糕的一面，但也有好的一面。

就拿失去所愛來說吧！他先走了，你很傷心，但你想過嗎，如果今天是你先走的話，那個傷心的人會是誰？是他，對嗎？而現在幫他承受打擊的人正是你，如果你是愛他的，或者他很愛你，你忍心讓他來承受嗎？

反過來說，如果你不愛他，或者他不愛你，現在他走了，你需要傷心嗎？你將告別一個沒有愛的情感，一個不美滿的婚姻，一個沒有幸福的未來，這不是很好嗎？

5 娶到更好的

你在挑別人，別人也會挑你。

「你為了她戒菸？」

「對！」

「又為了她戒酒？」

「對！」

「為了她，你不嫖又不賭？」

「對！」

「那你為什麼不娶她？」

「我既然變得十全十美，可以娶到更好的。」

你在挑別人，別人也會挑你。

如果你覺得對象不夠好，你會去挑剔，你會去要求，但你可曾想過嗎？當他真的夠好，那會怎麼樣，他很可能覺得你不夠好，他可能反過來開始挑剔你，那是很可能的。

阿強在某家公司服務，有一次老闆給他一瓶白蘭地，他等了兩、三天，看阿強都沒有反應，甚至連一個感謝都沒有。因此他就問說：「我給你的那瓶白蘭地怎麼樣?好喝嗎？」

阿強說：「不錯。」

老闆說：「你說『不錯』到底是怎麼個不錯法？」

阿強說：「剛好。」

老闆說：「我不了解。你說『不錯』或『剛好』是什麼意思？」

阿強說：「如果它再好一點的話，你就不會將它送給我了，而如果它再差一點的話，我就送給別人了，所以我說它剛好、還不錯。」

你覺得另一半不夠理想嗎？如果他（她）再好一點的話，「不錯」，也許他（她）就不會看上你，而如果他（她）再差一點的話，你也看不上。所以你們「剛好」是最相配的一對。

6 少了苦，也就吃不出甜味

「享福」和「受苦」加在一起，才叫「享受」。

從前有一個樵夫要到山上砍柴，路過看到有人在賣香瓜，他想到工作之後會口渴，所以就買了一大袋。

他在尋找樹木的同時，就吃起香瓜來。

吃了這個香瓜覺得不甜，又去挑另一個來吃，還是不甜，再挑一個來吃，也是不甜，就這樣，他將所有帶來的香瓜都咬了幾口，覺得都不甜，他好懊惱，怎麼今天買到的香瓜都不甜，於是他只好開始專心的砍柴了。

砍著砍著，到了日正當中，他覺得口很渴，於是撿起剛剛丟在地上被咬過的香瓜，嚐了一口，感覺滿甜的嘛！很快的就將地上被咬過的香瓜逐一撿起來吃完了。

到了黃昏，樵夫砍完了柴回家，遇到那個賣香瓜的，他又買了一袋。

同樣的香瓜，為什麼在不同時候吃，會有那麼大的差別呢？因為「苦盡甘來」，在辛苦之後，無味也變成美味。

如果你想避開了爬山的痛苦，也將錯過登山的樂趣；如果你想避開養兒育女的負擔，你也喪失了與孩子一起歡樂的快樂。如果沒有凜冽寒冬，你又怎能感受到陽光的溫暖？沒有吃苦，又怎麼能感受苦盡甘來的甜美？

「享福」和「受苦」加在一起，才叫「享受」。少了那個苦，也就吃不到那個甜味。

7 原來牠是個聾子！

即使狗兒在狂吠，車隊仍然繼續前進。

有一群青蛙在比賽誰能爬上最高的鐵塔，比賽開始了，一大群的青蛙看著那高大的鐵塔議論紛紛：「這太難了！我們絕對爬不到塔頂的……」、「塔太高了！我們不可能成功……！」聽到這裡，有些青蛙便放棄了。

看著那些仍然繼續爬的青蛙，大家又繼續說：「這太難了！沒有誰能爬上塔頂的……」就這樣你一言我一語，越來越多的青蛙退出了比賽。

但有一隻卻越爬越高，最後當其他的青蛙都無法再前進的時候，牠卻成為唯一到達頂點的選手。

其他的青蛙都想知道，牠是怎麼做到的？於是便跑上前去詢問，才發現原來牠是個聾子！

嘴巴是別人的，但路卻是自己的。林肯說過：「眾犬吠月的時候，我卻從未聽說月亮因為這緣故而停止轉動。」

是的，即使狗兒在狂吠，但是車隊仍然繼續前進。所以，走自己的路，讓別人去說吧！

別忘了，風箏是逆風，而不是順風飛翔。

8 很大的啟示！

你並不傻，但是如果你光聽別人的話，你就是一個大傻瓜。

有一個政客，他去找一個師父，他問師父說：「你叫我靜心和祈禱，這個和那個，我都做了，但是並沒有得到任何的啟示。你想我該怎麼做？」

師父看著他，然後說：「到外面去站十分鐘。」當時正下著很大的雨。

政客說：「雨下這麼大，你叫我站在外面？」

師父說：「你就去吧！很快你就會得到啟示。」

政客想：「既然師父那麼說，一定有他的道理，那就試試看吧！」

他站在那裡，看起來很蠢，因為路人來來往往，他們議論紛紛：「這不是某某人嗎？他怎麼會站在這裡？」他覺得很丟臉，於是他用力閉上眼睛，但圍觀的人越來越多，大家開始笑他，他們都感到很疑惑：「他是不是瘋了？」

這政客終於忍不住了，他衝進屋子裡不高興地對師父說：「根本沒什麼啟示！你欺騙了我。」

「怎麼會呢？」師父說：「告訴我你現在有什麼感覺？」

他說：「我覺得自己就像一個傻瓜站在那裡，笨死了！」

師父說：「這是一個很大的啟示！你只是在那裡站一會兒，就知道自己是大傻瓜，你不認為那是一個很大的啟示嗎？」

引自伽利略的話：「為什麼你要一味地信任別人的說法，而不用自己的眼睛去觀察，瞭解呢？」

有一個傻瓜到智慧大師那裡求教：「我知道我是個傻瓜，大師，但是我不知道該怎麼做。請您教教我吧！」

「噢，可憐的孩子！」大師安慰他說，「如果你知道你是個傻瓜，那就表示你根本不傻！」

「那為什麼每個人都說我傻？」那個人抱怨說。

「你是不傻。」大師笑著說：「但是如果你光聽別人的話，你就是一個名副其實的傻瓜！」

這的確是一個很大的啟示。

9 搞不好會是真的！

不管「多頭」或者是「空頭」，最後都成了冤大頭。

有個石油探礦者（尋找石油蘊藏地的人），死後上到天堂去。天堂的守護人向他說：「恭喜你，你已經符合在天堂居住的條件了。但是，我們有個壞消息要告訴你：天堂裡所有讓石油探礦者居住的地方都已經額滿，我真的無法把你給擠進去了。」

這位探礦者想了一下，請求守護人允許他跟這些石油探礦者說七個字。守護人認為這也沒有什麼大不了的，就一口答應了。

於是這位探礦者大喊：「地獄發現石油了！」

想不到，天堂所有的探礦者，馬上發瘋似的，離開天堂，衝下地獄去了。

天堂守護人看到這種情形，很是驚訝，也很佩服這個人，轉頭向他說：「現在我們總算是有許多空房了，你馬上可以搬進來住。」

豈知，這位探礦者竟然說：「不！我想跟這些人下地獄去。你看看，他們那樣瘋狂似地衝進地獄，這消息，搞不好會是真的！」

這故事常被用在股市，說的是盲目「跟風」的現象，聽來很荒謬，但卻是人們一直在做的事。不論是選擇做什麼工作，讀什麼科系、做什麼生意，投資什麼商品、買什麼股票……大家都是一窩蜂。也不管「多頭」或者是「空頭」，最後都成了冤大頭。

人們似乎以為成串的香蕉不會被剝皮，只有單根香蕉才會被剝皮，卻沒想到香蕉成串正好一起被剝皮。

記得冰上曲棍球超級巨星葛雷特斯基（Wayne Gretsky）曾說過這麼一段話，

他說：「打球時我只溜往球下一刻會到的地方，而不是追在球的後面。」

他是對的。一個真正聰明的人，應該是早就預先知道風要吹向哪裡，好讓自己能夠走在前面，而不是跟著別人的風尾走。

10 將最胖的那位丟出去

所有的事都比我們想像的簡單，同時，也比我們所能理解的複雜。

英國某家報紙曾舉辦一項高額獎金的有獎徵答活動。題目是：在一個充氣不足的熱氣球上，載著三位關係世界興亡命運的科學家。

第一位是環保專家，他的研究可拯救無數人們，免於因環境污染而面臨死亡的噩運。

第二是核子專家，他有能力防止全球性的核子戰爭，使地球免於遭受滅亡絕境。

第三位是糧食專家，他能在不毛之地，運用專業知識成功種植食物，使幾千萬人脫離飢荒而亡的命運。

此刻熱汽球即將墜毀，必須丟出一個人以減輕載重，使其餘的兩人得以存活，請問該丟下哪一位科學家？

問題刊出之後，因為獎金的金額實在相當龐大，各地答覆的信件如雪片飛來。在這些答覆的信中，每個人皆竭盡所能，甚至天馬行空地闡述他們認為必須丟下哪位科學家的宏觀見解。

最後結果揭曉，鉅額獎金的得主是一個小男孩。

他的答案是──將最胖的那位科學家丟出去。

就像哥德說的：「所有的事都比我們想像的簡單，同時，也比我們所能理解的複雜。」

在發展太空計畫的初期，美國太空總署曾對外徵求一種能讓太空人使用的筆，它必須在任何方向都可以操作，即使在無重力或在真空狀態下皆可流利書寫，還要幾乎永遠不用換墨水，太空總署不計任何代價，希望有人做得出來。

消息發出後，太空總署料定必有許多科學家努力研究。

三天後，總署收到了來自德國的一封傳真，上面寫著：「試過鉛筆沒有?」

許多問題原本很簡單，但人卻「很不簡單」，總是把簡單的問題搞得很複雜。

11 最後是誰把你治好的？

只要專家指出了問題，那你就是有問題的，因為專家怎麼可能出錯呢？

一個男人跛腳走在路上，痛得臉色發青。某個醫生把他攔下來告訴他：「假如我是你，我會去看醫生——你需要做全身檢查。」

於是他就去做全身檢查。之後他又去看另一個醫生，說他還是有相同的困擾，接著他開始服用止痛藥——這也沒用，他又跑去一家大醫院檢查，在那裡他們的診斷是他需要針灸和復健治療。

幾個星期後，他又去找另一個醫生，因為這些方法一點幫助也沒有。那位醫生說：「你的問題出在腰部，這必須手術。」然後他就做了手術，但問題仍舊還在。

就這樣，他不斷地從一家醫院換到另一家醫院，從一個醫生換到另一個醫生，但他的毛病一點改善都沒有。

直到有一天他正在市場裡閒逛，其中一個醫生看到他時告訴他：「真高興看到你──你看起來好像好了！這是怎麼一回事？最後是誰把你治好的？」

病人說：「是我自己。所有的疼痛和跛腳在我把鞋子裡的刺拔掉之後都消失了。」

這已經是普遍的現象。人們相信專家和權威人士遠勝過於相信自己。

有位病人生命垂危，在他臨終的病床上，他幾乎陷入昏迷。他妻子連忙呼請醫生過來看他。

這醫師喝醉酒了，他量脈搏，卻沒有發現任何的跳動，因為他根本就捉錯地方了。他看著那個病人的臉，對他的妻子說：「很抱歉，我必須告訴妳，妳的先生已經死了。」

就在那一刻，這病人睜大眼睛說：「什麼！我還活著！」

妻子說：「你不要講話。他比較清楚，他是主治醫師，一個醫學博士。你敢懷疑他的權威？還不快閉上你的嘴！」

不要笑，這是真的，如果醫生說沒救，那個人就「很難」有救，因為這是「專家」說的，專家怎麼可能出錯呢？

許多人的愚蠢，就是將可以自己作主的事情，非理性讓自己成為奴隸。其實，所有問題自己比誰都清楚，卻期待別人幫你解決，這才是最大的問題。

12 現在連銀行都不能信任了

懷疑是信任的開始，而信任則是懷疑的結果。

有名慣竊深夜潛入某家銀行，不費吹灰之力就到了金庫。在小手電筒照射下，看見金庫張貼了一份告示：

「省下你的炸藥，這座金庫未上鎖，只需轉動把手，門就可以打開。」

他想，不管怎麼說，試試又何妨，說不定真的沒有上鎖呢。

於是，他抓住把手旋轉。

立刻整個室內大放光明，警鈴狂鳴，一陣電擊使他喪失行動能力。

一個小時之後，他被送進當地警局拘留所，面對鐵柵門不禁悲嘆：

「我真不知自己錯在哪裡，錯在我太信任別人？天呀，的確世風日下，現在連銀行都不能信任了。」

你有沒有注意到，人們很容易相信印刷出來的文字，像書本、報紙雜誌、貼在牆上的告示。許多原本應該被懷疑的事，好像一旦被「印刷」出來，人們就認定那是真的，大家就喪失了判斷力，正如那位小偷一樣。

法蘭西斯・培根（Francis Bacon）說過：「如果一個人以無疑開始，必然以懷疑結束；假如他願意以懷疑開始，他將會以無疑結束。」所以，如果你要去信任，不管你準備相信某個人或某件事，那就從信任你的懷疑開始吧！這就是產生信任最好的方式。

懷疑是信任的開始，而信任則是懷疑的結果。你必須不斷懷疑，直到你開始懷疑那個懷疑本身，真正的信任才會產生。

13 我不識字，只好用腦筋了

書讀得多只是增加知識而已，但是知識不等於知道。

有一個學者費盡心思，想把一件新買的櫃子拼湊起來，他翻閱著說明書，弄了老半天仍徒勞無功，她只好將這堆東西丟在一旁。

過了不久，他意外地發現，家裡的女傭竟然將那些複雜的東西拼完成，驚訝之餘，他問道：「妳是如何完成的？」

「我不識字，只好儘量用腦筋了。」女傭回答。

書本只能累積更多的知識，但是「知識」不等於「知道」。像許多讀書人就是這樣，他們對別人不了解的東西，了解的越來越多；卻對自己該知道的事，知道的越來越少。

富蘭克林對一些學養豐富，卻是「生活白痴」的人，曾有過這般的嘲諷：「如此博學，能用九種語言稱呼馬；如此無知，竟買一頭乳牛來騎。」

如果你曾仔細觀察，你就會發現，有太多的人空有知識卻非常無知，他們甚至連生活的基本常識都不知道。

14 優秀的傻瓜

如果你已經擁有所有的知識，那你又如何擁有成長所需的無知呢？

有位猶太人到拉比（rabbi，猶太社會精神領袖）那裡抱怨。「拉比。」他悲傷的說，「你認為他們叫我傻瓜對嗎？」

拉比同情的聽著。

「何必為這樣的小事傷心！」他安慰他說，「你認為傻瓜和其他人有什麼不一樣嗎？相信我，我見過一些最優秀的人都是傻瓜。當然，像你這麼優秀、聰明的人也是一個！」

那些最優秀的人都是傻瓜。為什麼拉比會這麼說？

因為優秀的人，往往自以為聰明，自以為是，這樣的人實際比傻瓜更蠢。傻瓜雖然無知，他們沒什麼學問，也說不出什麼道理，但至少他們知道自己是無知的；然而那些優秀聰明的人怎麼樣？他們會用學問、用理論、用知識來掩飾自己的無知；他們其實一無所知，但他們可以說出一堆道理，他們甚至以為自己真的知道，如此一來，他將永遠是無知的。

蘇格拉底是對的，他說：「我唯一知道的是，我一無所知。」是的，當一個人發現自己有所不知的時候，他已經是有所知了；只有自認為自己無所不知的人，才是真正無知的傻瓜。

如果你已經擁有所有的知識，那你又如何擁有成長所需的無知呢？

15 我不走了

當你放下期待，當你不抱任何希望，那個厭惡和憎恨也就消失。

小張向朋友說：「我想離開這家公司，我恨透了這家公司！」

朋友回答：「我舉雙手贊成，但是如果你真的很恨，你不會想報復嗎？」

「當然想！」

「如果你想的話，那現在並不是最好的時機。」

「為什麼？」小張問。

朋友解釋道：「如果你現在就走，公司並沒有什麼損失。你應該趁著還在公司的機會，拚命去為自己拉一些客戶，讓公司對你更加倚重，然後你再帶著這些客戶突然離開公司，讓公司損失慘重，這樣才是最好的報復。」

小張聽了覺得非常有道理，於是他開始努力經營客戶，對許多工作也主動去參與，經過半年的努力後，公司果然越來越倚重他。這時，朋友告訴他：「現在是時機了，要走趕快行動哦！」

「不好意思，」他笑著對朋友說：「總經理準備把我調升新的職務，我不走了。而且我覺得越來越喜歡我們公司。」

人為什麼會由愛生恨，卻又從討厭變喜歡？那都是跟自己的期待有關，當你去愛的時候，不管你愛的是什麼，是某人、某物、某公司，或者是某個待遇或職位，你就會有所期待，而當期待失落，當希望變成失望，那個恨就會升起，你就會開始感到厭惡，甚至憎恨。

反之，當你放下期待，當你不抱任何希望，那個厭惡和憎恨也就消失。

而當那個你原本沒有期待的，給了你什麼，很自然的，你就會慢慢從討厭變喜歡。

16 討厭者名單

凡你對別人所做的，就是對自己做的。

有一個心理學的教授在課堂做了一項小測驗，他要班上的同學寫出班上那些自己很討厭之人的名字，但不要給旁人看到。

有的人一下子就寫了一大串！有的人寫了兩、三個，有的人僅寫了一個，也有少部分的人絞盡腦汁，但就是一個也寫不出來。

後來教授發現了一個有趣的現象：那些寫出越多討厭之人名字的人，自己的名字也越常出現在別人討厭的清單內！越容易討厭別人的人，其性格也越易被人排斥。

再仔細觀察，那些寫出較多討厭者名單的人，在班上似乎也都較不快樂。

詩人奧登（W.H.Auden）曾說：「人受惡意之作弄，必作惡以回報。」

如果你厭惡別人，別人必然也會厭惡你。如果你對人冷淡，別人也會回以冷漠；如果你經常批評別人，你也會接收到許多的批評；如果你總是擺一張臭臉，沒錯，別人也不會給你好臉色。

所有你給別人的，都會回到你身上。同樣的道理，當你帶給別人歡樂，你就會得到歡樂；帶給別人祝福，你就會得到別人的祝福；如果你經常讚美別人，不久你也會聽到有人在讚美你。你讓他人經歷什麼，有一天你也將自己經歷。

所以，如果你希望交到真心的朋友，你就必須先對朋友真心，然後你會發現朋友也開始對你真心；如果你希望快樂，那就去帶給別人快樂，不久你就會發現自己越來越快樂。己所欲，施於人。如果你若想被愛，就要先去愛人；你期望被人關心，就要先去關心別人；你要想別人對你好，就要先對別人好。

你怎麼對別人，別人就怎麼對你；你給別人什麼，別人就回報你什麼。說得更白一點就是，凡你對別人所做的，就是對自己做的。

17 小事情，由她來決定

守則一：別為小事爭執。
守則二：所有事都是小事。

鄰居問一位老先生：「你和你太太之間相處的秘訣是什麼？我從來沒有看過你們有任何爭吵。」

他說：「打從認識第一天開始，我們就決定一件事，我們都一直遵循著，所以從來沒發生爭吵。」

那個人說：「你能告訴我嗎？因為我認識的人當中有太多夫妻失合的，如果你能夠將你的方法告訴我，我就可以幫助他們。」

老先生說：「方法很簡單，那就是只要是大問題，要依我的話為準；對於小事情和一些小問題，就以她的話為準。」

那個人說：「這是一個非常好的方法，但是，什麼樣的問題叫做小問題，而什麼樣的問題叫做大問題？」

他說：「比方說：我們要看什麼電影，要吃什麼東西，要去哪裡旅遊，要讓孩子學什麼，要讓孩子讀哪個學校，要怎麼管教，要買什麼衣服，要買什麼樣的房子，什麼樣的車子，這些都是小事情，由她來決定。」

那個人問：「那大問題是什麼呢？」

老先生說：「世界大戰的時候該怎麼辦，地球毀滅的時候該去那裡，像這樣的大問題由我來決定！」

快意生活有兩個守則：

守則一：別為小事爭執。

守則二：所有事都是小事。

如果你能做到以上守則，爭端自然消失。

18 這不是在折騰嗎？

悔恨之於人，猶如爛泥之於豬，唯一的用處，只是在折騰。

法蘭克全身裹著紗布，躺在病床上向醫生解釋它如何從屋頂上掉下來跌斷雙腿。

「二十前，我開著小貨車到處賣五金雜貨。有一天晚上，車子在半路拋錨，我走到附近住家去借電話。結果是一個金髮碧眼的美女出來應門，她告訴我她們家的電話壞了，但是她可以讓我借宿一晚，等到隔天再找修車廠。」

「於是我睡在樓上客房，那晚，她上樓問我有沒有需要什麼。我告訴她，沒有。一個小時過後，她又上來問我要不要什麼。我告訴她：我很好，什麼都不缺。到了午夜，她又來問我要不要什麼。我說，沒有，一切都很好，我叫她不用擔心。之後我才入睡，一覺到天亮。」

醫生問他：「這跟你的意外有什麼關係？」

「哦！前幾天我在屋頂上修理電視天線時，回憶起那天晚上的事，才想到她的意思是什麼。我氣得跳腳，就從屋頂上跌下來了。」

是安諾德說的吧！「悔恨之於人，猶如爛泥之於豬，唯一的用處，只是在折騰。」

你首先浪費時間在做錯事上，而後又浪費時間在後悔上，想想，這不是在折騰嗎？

19 吃第九個包子就好

沒有前面的迷失，就沒有後面的覺悟。

有個乞丐，餓了多日，遇到一個好心的人，送了他一籠熱騰騰的包子。他拿起包子就狼吞虎嚥地拼命吃。由於餓了多天，而包子的味道又是那麼香，他一直吃到第九個包子，才覺得心滿意足。

終於他抹了嘴，看到所剩不多的包子，心中覺得很懊惱：「早知道我只要吃第九個包子就好了，還可以省下八個呢！」

「早知道……我就……」當事情發生了，我們總習慣這麼說。我們常會後悔過去自己做了某個決定，這種想法開始就是個錯誤。

因為當你說「早知道」的時候，就表示你之前並不知道，對嗎？既然不知道，你能怎麼樣？你能對一件根本不知道的事怎麼樣？

事實上，沒有前面的迷失，就沒有後面的覺悟；沒有前面的失敗，就沒有後面的成功；沒有前面的包子，就沒有後面的飽足。

所以，前面那「八個包子」是不可少的，因為「早知道」那時並「沒吃到」，你怎麼可能「沒有吃」就飽呢？

20 他很可能成為你嬸嬸

事實就是事實，接受事實，面對現實，不要空想虛幻的「假如」。

有一次英國皇家空軍元帥道丁爵士到某校講演。由於他是不列顛之役中英國戰鬥機的戰略設計人，在演講特別敘述了整個戰略。

一位同學問他：「假如當時敵國空軍改變戰略，戰爭的結果會不會完全不同？」

道丁爵士驚訝地向那發問者凝視了一會兒，說道：「朋友，假如你叔父在生理構造上稍有不同，他很可能成為你嬸嬸，是不是？」

「早知道」還有一個堂兄弟叫做：「假如」。

假如當時……假如我如何如何……。以下說法大家應該不陌生。

＊假如我不參加，就不會發生這種事了……

＊假如我拒絕他，也不會演變到這樣……

＊假如我早點送他到醫院，也許他就不會死……

＊假如我出生在別的家庭，也不用面臨這種問題……

記得我在當導師的時候，有一位學生曾經向我抱怨，他說：「假如我不是現在父母所生，假如我是生在不同家庭，我的命運絕不是那樣。」

我告訴他：「假你不是現在父母所生，不是生在同一個家庭，你的命運當然不同，你將不是『現在的你』。然而假如你不是現在的你，你又怎麼能以『我的命運』來說呢？因為那個人已經不是你了，不是嗎？」

事實就是事實，接受事實，面對現實，才是務實的，而不是空想虛幻的

「假如」。

假如沙哈拉沙漠經常下雨的話，也種得出西瓜、蕃茄來。問題是沙哈拉沙漠可能常下雨嗎？

21 「你」走不掉了

唯有當「我」消失，那個「你」才能消失。

兩個旅行人途經一個森林，其中一個撿到一把斧頭，他說：「哇！我撿到一把斧頭！」

他的同伴說：「別說『我』撿到它，應該說『我們』撿到它，因為我們是同伴，這把斧頭是應該由我們平分。」對方回答說：「不行，這把斧頭是我發現的，它是我的。」

過了不久，斧頭的主人怒氣沖沖的追上來。撿到斧頭的人說：「我們走不掉了。」另一人說：「不是『我們』走不掉，應該說『你』走不掉了。當你得到東西時不與我共享，現在也別希望我與你分擔危險。」

當你去劃分「你」和「我」，別人就成了敵人，別人不可能是朋友，只要是「非我」就是敵人。如果「我」不消失，「你」就不可能消失，那個爭鬥、嫉妒、對抗也就一直會在。

那也就是為什麼哲人常說：愛必須是「無我」的。唯有當「我」消失，那個「你」才能消失；當「我」不在，友誼和情誼才能真正的存在。

沒錯，當「你」和「我」那道牆消失了，也就沒有什麼好劃分的，要怎麼去劃分？彼此已經融合，「你」和「我」變成了「我們」，大家有福同享，有難同當，那也就沒什麼好計較的。

22 把「必須去」改成了「想去」

「必須去」是一種負擔，而「想去」卻完全不同，那是主動而且樂意的。

一位事業成功的女強人，曾經在某幾年之中，每天早上十點準時到安養中心去探望摯愛的母親。她早上十點經常有會議要開和客戶約見，但她總會要求更改時間，並且說：「對不起，我必須去探望家母。」

後來，她母親過世了。不久，有人約她早上十點談論公事。她忽然發現自己再也不能探望母親了，情不自禁地想：要是我能再去探望母親一次就好了。

從這一刻起，她把「必須去」改成了「想去」。

從這則故事中，我們體會到一件事：「必須去」是一種負擔，而「想去」卻完全不同，那是主動而且樂意的。

你說：我每天「必須去」上班、上學，必須照顧家人、料理家務，當你去做這些事的時候，一定很難快樂，對嗎？因為你「不想去」然而卻「必須去」。

現在起反過來，把「必須去」改成「想去」，我想去上班、上學，想去照顧家人、料理家務，感覺是不是完全不同？

如果你能把所有「必須去」做的事，都轉變成「想去」，那麼所有痛苦的負擔，也變成了快樂的事。

23 墨漬變成小花貓

首先你必須在心裡先看見它，然後再把它顯露出來。

有一個小孩在家中學國畫，還未開始，就把墨汁滴到了潔白的宣紙上，慢慢散開來，變成了一個醜陋的墨漬。

小孩很懊惱，準備換一張宣紙。

可是，他的媽媽說：「這點墨漬不是很好嗎？」孩子的媽媽取過筆，用那點墨漬畫了一隻小貓，竟然栩栩如生。

孩子拍手高興地喊：「原來墨漬可以變成小花貓。」

墨漬怎麼可以變成花貓？那是因為你心裡先有小花貓，你也可以把它變成大象，或是一座雕像。這有如米開朗基羅在打造石雕的過程，你必須在一顆石頭裡面先看出「它是什麼」，然後再把它顯露出來。

米開朗基羅認為完工的雕像形態，早已存在大理石裡面，他要做的是把所有不屬於雕像的餘石鑿盡，以便讓雕像展露出來。

心靈打造也是一樣，你想成為什麼樣的人，或是達成什麼樣的目標，首先你必須在心裡先看見它，然後再把它顯露出來。

24 因為我一直不相信這件事！

在處理任何問題之前，首先要做的就是先接受它。

有一個人跑進警察局說他太太失蹤了。

「她是什麼時候失蹤的？」警察問。

「五、六年前。」他回答。

「五、六年前！」警察很驚訝地說：「你為什麼不早點來報案？」

「因為我一直不相信這件事！」

在處理任何問題之前，首先要做的就是要先接受它。你必須接受環境才可能改變環境，先接受失敗才可能改變失敗，先接受災難才可能改變災難。是的，你必須先接受，才有改變的可能。

心理學家威廉・詹姆斯說過：「承認既成的事，接受已經發生的事實，這是應付任何不幸後果先決條件。」

沒有任何事情能在我們願意面對之前能被改變。如果你不相信，不願接受，結果又怎麼可能有所改變呢？

25 他只是一個工人

遠方的星空故然明亮，但是近處的燈光才能給你溫暖。

有兩個老朋友在闊別多年之後相見，然後其中一個朋友告訴另外一個說：「我已經有二十五年沒看到你了，你的兒子現在怎麼樣了，我聽說他們三個都很有成就？」

這父親得意地說：「我家老大，他成了畫家，在世界各地開過無數次的畫展，在國際上頗負盛名。」

朋友說：「真不簡單！那老二呢？他現在做什麼？」

「那個孩子成就更大，他是太空人，現在他正準備帶領幾個太空人，完成登陸火星的任務。」

「我的天，真是太了不起了！那還有一個兒子呢？」那個朋友露出不可思議的樣子。

「老三嗎？」這個父親聲調突然低沉下來，他說：「喔！他就差多了，他只是一個工人，但是我要告訴你，如果沒有他，我們就沒有人照顧。」

人總喜歡遙望遠方的星空，卻遺忘了近處的燈火。若沒有老三，這父親就沒有人照顧，但是讓他感到得意的卻是老大和老二，而不是那個照顧他的人。

人總喜歡提到那些讓自己得意的人，但是對那些陪自己渡過失意的人，卻很少提起；人們認同聲望，認同名位，認同權勢，但是卻很少認同真正為你付出的人。

記住，遠方的星空故然耀眼，但是近處的燈光才能給你溫暖。

26 算什麼推銷員？

如果你能賣出別人想要的，那你一定會發財。

有一個推銷員回到辦公室跟老闆說：「我陷入了困難，我賣出的那一塊地出了麻煩，那個客戶一直打電話給我，因為整塊地都淹了六英呎深的水。他說，『你到底賣給我哪一種土地？我要怎麼在它上面蓋房子？』現在我要怎麼辦？我是不是要退錢給他，然後整件事情了結？」

老闆說：「你算什麼推銷員？帶兩部機動船去賣給他！」

以前的經濟學家總是說「有求必應」──先有需求，再出現供應，這是銷售的基本法則；然而現在的情形正好相反，「有應必求」——先有供應，再出現需求。是的，現在不管你想賣什麼，只要推銷員一再鼓吹，很快的「需求」就會出現。

有個年輕的業務員覺得很懊惱，他喪失了一次重要的交易，他本來以為那已是囊中物了。當他在跟他的主管討論這件事，業務員無奈地聳聳肩說：「你可以將一隻牛帶到水邊，但是你無法強迫牠喝水。」

「我的天啊！」那個主管大聲喊出：「是誰告訴你要叫牠喝水的，你要做的是使牠覺得口渴。」

套句行銷界的老話：如果你能夠賣出別人需要的東西，那你做的不錯；如果你能賣出別人想要的，那你一定會發財。

27 娶了比爾蓋茲的女兒

善於運用情勢的人必善於扭轉情勢。

一位優秀的商人傑克，有一天告訴他的兒子。

傑克：我已經決定好了一個女孩子，我要你娶她。

兒子：我自己要娶的新娘我自己會決定。

傑克：但我說的這女孩可是比爾蓋茲的女兒喔。

兒子：哇！那這樣的話……

在一個聚會中，傑克走向比爾蓋茲。

傑克：我來幫你女兒介紹個好丈夫。
比爾：我女兒還沒想嫁人呢。
傑克：但我說的這年輕人可是世界銀行的副總裁喔。
比爾：哇！那這樣的話……

接著，傑克去見世界銀行的總裁。
傑克：我想介紹一位年輕人來當貴行的副總裁。
總裁：我們已經有很多位副總裁，夠多了。
傑克：但我說的這年輕人可是比爾蓋茲的女婿喔。
總裁：哇！那這樣的話……

最後，傑克的兒子娶了比爾蓋茲的女兒，又當上世界銀行的副總裁。

機會是靠自己創造出來的。

什麼叫做機會？機會就是別人所無法看到的東西。

機會在那裡？就在別人認為不可的事情當中。

記得英國著名作家毛姆，年輕時沒沒無聞，常苦於自己剛出版的小說乏人問津，於是靈機一動想出了一個特別的點子。

他在報上登了這樣一則廣告：「某位年輕的百萬富翁，性情溫和，愛好讀書、音樂，無不良嗜好，希望能與毛姆最新作品中女主角性格相同的女士為友，而後論及婚嫁……」

幾天之後，毛姆的著作果然大為暢銷。因為毛姆的創意，竟使他從此躋身於著名作家之列。

西諺云：「善於運用情勢的人必善於扭轉情勢。」機會一直都在，就看你怎麼去創造。

28 他們果然不叫了

拍打皮球越用力，反彈就越高。同理，你對人越去要求，他的反抗就越強。

一個猶太裁縫在小城裏開了一家店，城裏一群小孩老是去騷擾他。他們在他的店鋪外面大叫：「猶太人！猶太人！」每天如此。

裁縫很氣惱，可是沒什麼好辦法。好幾天他睡不著覺，最後終於想到了一個主意。

第二天，小孩子又來了，他走到門前說：「從今天開始，誰叫我『猶太人』誰就能得到一塊錢。」說著，他給了每個小孩一塊錢。

孩子們高興極了，第三天又跑來大叫：「猶太人！猶太人！」

裁縫笑著出來了，他給了每個小孩五毛錢說：「一塊錢太多了，今天每人只有五毛。」

孩子們還是很高興，五毛錢也是錢呀。

可是第四天他們再去的時候，裁縫只肯給他們一毛錢了。

「為什麼今天只有一毛？」他們說。

「今天我只能給這麼多。」

「前天還有一塊錢，昨天也有五毛，今天就剩一毛了，這不公平！」

「要不要隨你們的便，我只能給這麼多。」

「你以為我們會為了區區一毛錢就聽你的話，每天來這裡叫嗎？」

「那就別叫！」

他們果然不叫了。

拍打皮球，你越用力，反彈就越高。同樣的道理，你對人越去要求，他的反抗就越強。

你可以試試看，要求小孩子：「不要吵鬧！不要再叫了！」然後他們就會變本加利。當你禁止一個年輕人：「不要整天打電腦，少跟那些壞朋友在一起！」之後他就會更嚴重，在你沒有告訴他們之前或許還沒那麼嚴重，但是一旦你去阻止，你的阻力反而對他產生更大的抗力。

這裁縫很有智慧，他不去阻止孩子，故意反其道而行，後來他們果然不叫了。

所以，教導孩子時，別光會責罵，有時也要給一點甜頭，那樣孩子反而會更聽你的話。

29 造物主的智慧

或許你現在無法明白，但請相信任何發生的事，都是最好的安排。

有一個哲學家想要改變世界，他認為上帝犯了很多錯誤，祂應該在創造世界之前想得週到一點。

有一天，當他躺在草地上沉思，有幾隻鳥飛過去，同時有母牛在他的旁邊吃草。

「看，」他自言自語：「這又是自然的一個錯誤！母牛對人類非常有用，卻必須在路上拖著走，而小鳥對人類根本沒有什麼用，卻能夠在天上飛，來去自如！」

就在那時候，上方有一隻鳥大便在他的頭上。

凡事自有天意，上天的安排都有祂的智慧，或許你現在無法明白，但請相信任何發生在你身上的事，都是最好的安排。

有個人躺在南瓜田中一棵高大的橡樹下，思索著造物主的智慧。他喃喃自語道：「大家都認為，大自然的每個創造物背後都隱藏著智慧；但是在這片南瓜田中，我看得非常清楚，卻沒有發現其中有任何智慧。橡樹有一根粗狀雄偉的樹幹，可笑的是，結的果實是如此地小；再看南瓜這個植物，枝幹那麼小，結的果實卻是那麼碩大。造物主在這事上可能搞錯了。」

當他正在思索這件事，陷入半夢半醒之際，忽然一陣風從巨大的橡樹頂上吹落一顆橡栗，橡栗正好落在他的鼻子上。那個人揉揉疼痛的鼻子，突然領悟了，他大叫道：「現在，我了解造物主的智慧了。」

30 為什麼我們還在動物園？

天才就是放對地方的人才；相反的，如果你把他放錯地方，就變成蠢材。

在動物園裏的小駱駝問媽媽：「媽媽媽媽，為什麼我們的睫毛那麼的長？」

駱駝媽媽說：「當風沙來的時候，長長的睫毛可以讓我們在風暴中都能看得到方向。」

小駱駝又問：「媽媽媽媽，為什麼我們的背那麼駝，醜死了！」

駱駝媽媽說：「這個叫駝峰，可以幫我們儲存大量的水和養分，可以讓我們在沙漠裏十幾天無水無食的環境下存活下來。」

小駱駝又問：「媽媽媽媽，為什麼我們的腳掌那麼厚？」

駱駝媽媽說：「那可以讓我們重重的身子不至於陷在軟軟的沙子裏，便於長途跋涉啊！」

小駱駝高興極了：「嘩，原來我們這麼有用啊！可是媽媽，為什麼我們還在動物園裏，不去沙漠遠足呢？」

天生我才必有用，但是擺錯了地方，即使是天才也沒有用。

天才就是放對地方的人才；相反的，如果你把他放錯地方，那就變成蠢材。

你注意過那些有傑出成就的人，就是因為他們知道把自己放在最擅長的地方；同樣的，許多人會失敗，也不是因為能力差，努力不夠，而是不懂得發揮所長。

正如魚善泳而鳥善飛，每個人天生就具有不同的天賦和才能，你必須找出來，找出你自己的天賦。

方法很簡單，只要回顧一下，在過去的生活中，有哪些事情讓你樂在其中？想想看，你曾經做什麼事情做到渾然忘我，甚至在眾人都不為所動時，你仍然陶醉其中？有嗎？

如果想不出來的話，那就想想你最感興趣的是什麼？最擅長的是什麼？是運動、是唱歌、是人緣很好、還是溝通能力很強……不管你擅長的是什麼，這就是你的天賦。

只要你能找到出自己的天賦，選對舞台，那你也可以成為天才。

31 你那匹馬昨天打電話來

解釋無法隱藏任何東西，相反地，它們會透露一些東西。

有位先生吃早餐時，他的妻子走到他後面，突然給他一巴掌。

「我在你褲袋裡發現一張紙條，上面寫著『瑪麗』的名字，」她氣沖沖地說：「你最好解釋一下。」

「親愛的，妳冷靜點！」那人回答：「妳還記得我上星期去馬場嗎？那就是我投注那匹馬的名字。」

「真的嗎？」第二天早上，他的妻子又悄悄走到他後面，給他一巴掌。

「妳這是幹什麼？」他氣著說。

「你那匹馬昨天打電話來。」

解釋無法隱藏任何東西，相反地，它們會透露一些東西。越多的解釋，「假的」成份往往越高。因為除非「不是真的」，否則你需要那麼多解釋嗎？你越去欺騙、撒謊或作假，就需要越多的解釋。那個解釋只是透露出你隱藏了些什麼……

有一天，老李很晚才回家，那時都已經清晨三點了，他敲了門，他太太非常生氣，但是老李說：「等一下，先給我一分鐘解釋，然後你要怎麼生氣再說。你以為我去了哪裡？我是去照顧一個病得很重的朋友。」

他太太說：「瞧你說得『好像真的』一樣，那你告訴我那個朋友的名字。」

老李想了又想，想了又想，然後他的臉一沉說：「『老實說』，我也不知道，因為他病得很重，連他自己都忘記了！」

你在騙誰啊！怪不得，每當事情是「假的」，人們就會把它說的跟「真的」一樣。

32 教官來了！

你騙得了一時，騙不了永遠。因為即使你騙了別人，也騙不了自己。

甲乙丙三人躲在廁所抽煙，丁在外把風，突然教官來抓人，丁通知廁所內的三人，三人快把煙丟掉拿出棒棒糖來吃。

教官進了廁所，懷疑三人有抽煙，又苦無證據，便開始觀察三人的動作。

甲拿棒棒糖的姿勢是用食指與中指夾的，一下就被教官抓住了。

乙想，那有這麼笨的人，他拿棒棒糖的樣子就很正常，但他發現甲一下子就被抓，暗地偷笑，一不小心習慣性的拿棒棒糖彈了一下煙灰，於是乙也被抓了。

至於丙真的太正常了，沒有拿煙彈煙灰的動作，教官對他近乎放棄，已準備走人了，他突然想到一個方法，他走了幾步，突然回過頭來大叫「教官來了！教官來了！」

只見丙匆匆忙忙的將棒棒糖丟在地上，用腳很用力的想把它踩熄……

這就是自欺欺人。這個「人」不是別人，而是自己。就像歌德說的：「我們永遠不會被別人欺騙，而是自己騙自己。」

有一群役男正輪流接受軍醫的耳朵測試，其中一個人經過半小時高分貝的音量考驗及精密的儀器檢查後，完全沒有任何反應。

軍醫輕清地說：「沒問題，你真的聽不見，可以走了，不用當兵。」

這個人馬上起身要離開，並且高興的回答：「謝謝，太好了。」

你騙得了一時，騙不了永遠。因為即使你騙了別人，你也騙不了自己。

33 好酒！好酒！

如果你是太陽，需要說服別人你是光亮的嗎？

有一個人邀請一位著名的品酒專家到家裡做客，因為他典藏了一些非常有價值的酒，他想要將他的珍藏展示給這個人看，希望能得到專家的讚賞。

首先，他倒給專家一杯他最要價值的酒，專家嚐了一下，一句話都沒說，就連最起碼的讚揚都沒有，他覺得很挫折。於是他決定給一杯非常普通廉價的酒，沒想到專家嚐了之後，連說好酒！好酒！非常好非常好。

他覺得很疑惑，忍不住地問道：我感到很不解，我先前給你的是最名貴、最有價值的好酒，而你卻什麼都沒說；但是對這一杯最普通、最廉價的酒，你卻說非常好非常好！

品酒專家說：對於第一種酒，不需要有人對它說什麼，那個酒本身的好就為它說出了一切；但是對於第二杯酒，需要有人來肯定它、讚美它，因為它並不怎麼樣！

偉大的人，總是忘了自己的偉大；而渺小的人，卻念念不忘自己的偉大。

要想辨別自己是否偉大，很簡單，只要從表現就能分曉。在別人面前，你注意一下自己，你是否經常力圖表現，想要證明什麼，想要別人肯定你、讚美你？如果你是這樣的話，那你就是渺小的。

因為如果你是偉大的，你需要證明嗎？如果你是太陽，你需要說服別人你是光亮的嗎？你需要別人的肯定和讚美才能證明自己嗎？光亮已經在那裡，你無需強調。

反之，如果你需要別人來肯定你、讚美你，那你是什麼——你就是第二杯酒。了解了嗎？

34 可怕的十五小時

幸福，總要到失去之後，人們才能真正體會到。

第二次世界大戰期間，羅勃·摩爾在一艘潛艇上擔任瞭望員。一天清晨，隨著潛艇在印度洋水下潛行時他通過潛望鏡，看到一支由一艘驅逐艦、一艘運油船和一艘水雷船組成的日本艦隊正向自己逼近。潛艇對準走在最後的日本水雷船準備發起攻擊，水雷船卻已掉過頭來，朝潛艇直衝過來。原來空中的一架日機，測到了潛艇的位置，並通知了水船。潛艇只好緊急下潛，以便躲開水雷的炸彈。

三分鐘，六顆深水炸彈在潛艇四周炸開，潛艇潛到水下八十三米深處。摩爾知道，只要有一顆炸彈在潛艇五米範圍內爆炸，就會把潛艇炸出個大洞來。

潛艇關掉了所有的電力和動力系統，全體官兵靜靜地躺在床鋪上。當時，摩爾害怕極了。他不斷地問自己，難道這就是我的死期？儘管潛艇裏的冷氣和電扇都關掉了，溫度高達三十六度以上，摩爾仍然在發抖。

日軍水雷船連續轟炸了十五個小時，摩爾卻覺得比十五萬年還漫長。寂靜中，過去生活中無論是不幸的倒楣事，還是荒謬的煩惱—在眼前重現：摩爾加入海軍前是稅務局的小職員，那時，他總為工作又累乏而煩惱；抱怨報酬太少，升遷無望；煩惱買不起房子、新車和高檔的衣物；晚上下班回家，因為一些瑣事與妻子吵架。這些煩惱事，過去對摩爾來說似乎都是天大的事，而今置身這墳墓般的潛艇中，面臨死亡的威脅，摩爾深深感受到，當初的一切顯得那麼的荒謬。他對自己發誓：只要活著離開這裡，從此再也不煩惱了。

日艦扔完炸彈終於開走，摩爾和他的潛艇重新浮上水面。戰後，摩爾回國重新工作，從此他變得熱愛生命，幸福地享受生命中的每一天。

他說：「在那可怕的十五小時內，我體會到對於生命來說，世界上任何煩惱和憂愁都是微不足道。」

你知道人們為什麼會有那麼多抱怨嗎？因為沒什麼好抱怨。

你知道人們為什麼會有那麼多煩惱嗎？因為沒什麼好煩惱。

這是真的，大多數人都是小題大作、無病呻吟……

當一個人丟掉工作，就會體會許多事情其實不必太計較；當一個失去摯愛，就會體會許多爭執其實是不必要的；當一個從死裡逃生，就會體會到其實能活著就好。

幸福，總要到失去之後，人才能真正體會到。

35 怎麼說自己一無所有呢？

活著就有希望，因為並非每個人都那麼幸運。

一個年輕人的家鄉遭遇水災，失去父母妻小，無家可歸，便解下褲腰帶掛在樹上，欲尋短見，正巧被一位老人解救下來。

老人家問：「為什麼要尋短見呢？」

年輕人回答：「我現在已經一無所有了……」

老人望著他說：「我看你一身是寶，怎麼說一無所有呢？」

年輕人苦笑著說：「我現在身無分文，老伯何必取笑？」

老人指著他的手說：「假如我出三百萬買你的一隻手，你願意嗎？」年輕人搖搖頭。

「那如果我出一千萬買你一隻眼珠，你願意嗎？」年輕人又搖了搖頭。

「這就對了，你的價值少說也有上億，怎麼說自己一無所有呢？」

年輕人聽了，恍然大悟。他謝過老人，昂首闊步的走了出去，因為他已知道自己的價值。

如果有人問：「你的命值多少錢？」人們都會說：「生命是無價的。生命無法用金錢來衡量。」但是當錢沒了，為什麼許多人可以連命都不要？

這就是因為人們不了解生命的價值。你是有價值的，這跟你擁有多少錢無關。你有一雙手，你就可以勞動和建設；你有一雙腿，你就可以遊山玩水，來去自如；你擁有完好的眼睛和耳朵，你就可欣賞品味……甚至只要你還能自己呼吸都是很棒的事，那就表示你是活的，活著就有希望，因為並非每個人都那麼幸運。

你可以到醫院去看看那些身上插滿管子，在死亡邊緣徘徊的人。他們氣數已盡，也許呼吸不到下一口氣。如果用很多錢跟你交換，你願意跟他們交換一下生命嗎？

36 那時候我也看不到了

在活著的時候送上一束花，要比死後送上貴重的花圈更有價值。

瑪麗亞辛苦支撐著一個家，卻從未得到家人任何感激。

有一天晚上，瑪麗亞問丈夫：「彼得，我想，如果有一天我死了，你會不會花一筆錢買花向我表示哀悼？你會嗎？」

「當然會啊！瑪麗亞，妳怎麼無緣無故問這個？」

「沒有，」瑪麗亞說：「我只是想，即使你買再多的花，到那時候我也看不到了。」

說來也真的很蠢，多數人都願意在親人死後無條件的付出，卻不願在他活著時對他好一點；往往，我們對自己真正愛的人，卻是最少表達愛意。我們稱讚同事、讚美朋友，就是很少稱讚自己的親人。我們願意花錢、花時間在別人身上，但是對自己最親密的人卻吝於給予。

人們寧可在人死後送上貴重的花圈，卻不願在活著的時候送上一束花。你說，這不是很蠢嗎？

37 教授的妙方

不要緊，一切都會好起來的！

畢業前夕，一位教授對學生們說：「我有句三字箴言要送給各位，它是使人心境平境平和的妙方。這三個字就是，『不要緊』。」

一位女學生在筆記本上端端正正地寫上了「不要緊」三個大字，她決定以此為座右銘，以後絕不讓挫折和失望破壞她心靜的平和。

不久後，她就遭受了考驗：她愛上了一個溫柔體貼的男人。她覺得他對她很要緊，如果沒有他，她無法想像以後的日子怎麼過。可是有一天晚上，那個男人卻對她說，他只把她當作普通朋友。那天晚上，她在臥室裏哭泣時，覺得筆記本上「不要緊」三個字看來簡直荒唐。

日子一天天過去，她發現沒有那個男人也一樣可以過活，而且仍然能過得很快樂。幾年後，他再次遇到一位心怡的對象，他們步上禮堂。婚後幾年，他們過著幸福的生活。他們將所有積蓄用於投資，而且收入不錯。可是有一天，丈夫告訴他一個壞消息：他們的投資全賠光了！她愣住了，她心裡想：完了，這一次可真的很要緊啦！

就在這時候，小兒子用力敲打積木的聲音轉移了她的注意力。然後她看見小兒子燦爛的笑——那笑容真是無價之寶。她將視線投向窗外，兩個女兒正在興高采烈地合力堆沙堡。她忽然意識到，他們損失的是只是金錢，他們珍愛的一切不是都完好無損嗎？她微笑起來，對丈夫說：「不要緊，一切都會好起來的！」

當陷溺在低潮，你以為人生就此完了，然而不久之後，你還是會渡過的。

生命的種種遭遇，猶如水中的浮草、木葉、花瓣，終究會在時間的河流中漂到遠方。

事情總是來來去去。日子縱使時而有陰影遮掩，煙塵蒙蔽，然而當愁霧散去，又將是清澈明淨，雲淡風輕。

你失意嗎?艱苦難熬嗎?「不要緊，一切都會好起來的!」

38 回到了兩年前

想要擁有，先不怕沒有。

一個少婦投河自盡，被正在河中划船的老船夫救上船。

船夫問她：「你年紀輕輕的，為何尋此短見？」

少婦哭訴道：「我結婚兩年，丈夫就遺棄了我，接著孩子又不幸病死。你說，我活著還有什麼樂趣？」

船夫又問：「兩年前你是怎麼過的？」

少婦說：「那時候的我自由自在，無憂無慮。」

「那時你有丈夫和孩子嗎？」

「沒有。」

「那麼，你不過是被命運之船送回到了兩年前。現在你又自由自在，無憂無慮了。」

少婦聽了船夫的話，心裏頓時豁然開朗，便告別船夫，高高應與地跳上了岸。

這是中國哲學家周國一所寫的寓言，非常有意思。

你說：「失去了他要叫我如何活下去？」但是當那個人還不存在時，你不也是活得好好的？

以前沒有那個人的時候，你可以自由自在，無憂無慮，現在那個人不存在了，還不是跟以前沒有時一樣，有什麼好尋短的？

「想要擁有，先不怕沒有。」當你在不怕「沒有」的前提之下，你就不可能患得患失，因為你無所求，也就無所失，正如 L. Walton 所說的：「當一個人從來沒擁有過的東西，他永遠不會失去。」（No man can lose what he never had.）

如果你早就「當作沒有」或「不怕沒有」某件東西，又何來失去？又何來患得患失呢？

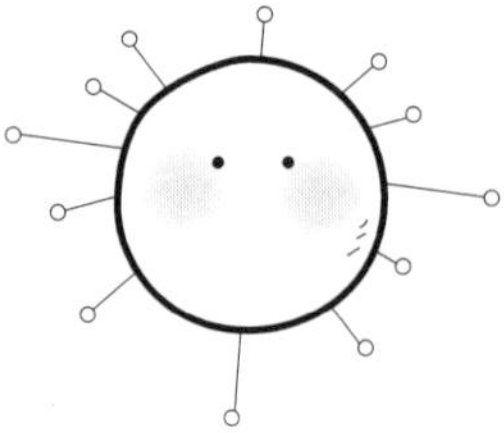

39 可能就有兩個死人

只看到自己的人，比瞎子更瞎；只想到自己的人，比死人更死。

這一天，瑞迪非常飢餓，因為他已經連續旅行多日。當他來到一個村莊時，那裡的男女老幼集合在一起，彷彿在等待他的來臨似的。

「您不會剛好是醫生吧？」他們異口同聲地問道。

「是的，我是！」瑞迪心中只想著一件事：食物！

「您一定是上天派來的。我們村裡有一個人生了重病，卻沒有人能治療他。」

「趕快帶我去見他！」

到了病人家後，瑞迪緊張地檢視他，就像是想找出使他痛苦的病源。接著，他轉向眾人，問道：

「你們有熱麵包嗎？」

「有！」

「你們有細嫩的肉嗎？」

「有！」

「你們有牛奶、乳酪和蜂蜜嗎？」

「有！」

「把這些都拿來給我，快！」

眾人對這種治療方式感到十分詫異，但是，他們還是把食物都拿來了。瑞迪坐定後，開始大吃大喝，絲毫不理會圍觀眾人難以置信的目光。

突然，有人發出尖叫。

「病人死了！」

瑞迪平靜地擦擦嘴說：「如果剛剛我沒吃東西的話，你們現在手上可能就有兩個死人了！」

人最關心的人永遠是自己。有「我」就沒有「你」，就像一枚硬幣靠眼睛太近，就看不到別的事物；當一個人把自己看得太重，也就「目中無人」。只看到自己的人，比瞎子更瞎；只想到自己的人，比死人更死。真正的死人，就是除了自己以外，目中無人的人。

40 沒有我想的那麼糟

世上幾乎沒有一項事物，有它表面看起來那麼好或那麼糟。

有位老農夫因為看見洪水氾濫而心情鬱悶。

他的一位鄰居大叫：「阿土！你的豬隻全被沖到河裡了。」

老農夫問：「那阿勇的豬隻呢？」

「也被沖走了。」

「阿財的呢？」

「也一樣。」

老農夫突然精神高昂地大叫：「耶！還好，沒有我想像的那麼糟。」

感覺是相對而非絕對的。當我們覺得別人比我們幸運時，我們的快樂就少了一點；反之，當我們發現別人比我們不幸時，我們又會覺得自己幸運得多。

十七世紀法國道德哲學家羅契傳柯曾說：「世上幾乎沒有一項事物，有它表面看起來那麼好或那麼糟。」

我們之所以把事物看得比實際更好或更糟，大多是因為我們去比較。試想，如果你有十塊錢，但你卻一直拿它跟擁有一百塊錢的人比，這樣怎麼可能快樂呢？你應該常去想想那些連一塊錢都沒有的人才對！

波斯有句諺語：「我哭我沒鞋，有一天我遇見一個人，他卻沒有腳。」

遇到不幸時，去想比你更悲慘的人；遇到麻煩時，去幫助比你更大麻煩的人，那樣，你將會發現，事情沒有你想的那麼糟。

41 最棒的玉米

我們可以接受有限的失望，但是一定不能放棄無限的希望。

一個老婆婆在屋子後面種了一大片玉米。

一個顆粒飽滿的玉米說道：「收穫那天，老婆婆一定先摘我，因為我是今年長得最好的玉米！」

可是收穫那天，老婆婆並沒有把它摘走。「明天，明天她一定會把我摘走！」很棒的玉米自我安慰著。

第二天，老婆婆又摘走了其他一些玉米，但都沒有來摘這個玉米。「明天，老婆婆一定會把我摘走！」它仍然自我安慰著……

但是從此以後，老婆婆再也沒有來過。直到有一天，玉米絕望了，原來飽滿的顆粒變得乾癟堅硬，整個身體像要炸裂一般，它準備和玉米稈一起爛在地裏了。就在這天，老婆婆來了，一邊摘下它，一邊說：「這可是今年最好的玉米，用它作種子，明年一定能種出更棒的玉米！」

馬丁．路德．金恩博士有句名言：「我們可以接受有限的失望，但是一定不能放棄無限的希望。」

激勵大師拿破崙．希爾曾花上大半輩子研究世界富豪，他發現每一個他訪問過的富豪都有個共同特徵，在他們成功之前，都曾遭遇非常大的困境。表面上看來，事情是應該罷手了，放棄算了，卻沒想到就在這時，整個局勢反轉過來，從此開展新的契機。

在你到達成功之前，老天似乎總喜歡給你來個期末測驗。所以，當你在最困難的況下，更要堅定你的意志，相信艱困只是過程，黑暗之後一定能夠看見陽光。

套句英國詩人威廉・古柏（William Cowper）的話：「即使是再黑暗的日子，只要能挨到天明，也會看見曙光。」沒錯，一旦獲得成功，你所付出的代價，全部都將重新計算。

42 你是在罵誰？

每次你罵別人的時候，你以為你是在罵誰？你罵的其實是自己。

某人養了隻只會說「當然」的鸚鵡，於是他決定把牠賣掉。

「你的鸚鵡賣多少錢？」買主問。

「三千塊錢。」賣主答。

「怎麼這麼貴？」

「我的鸚鵡很聰明！」

「鸚鵡，你很聰明嗎？」買主問。

「當然。」

買主於是買下了鸚鵡。等他發現這隻鸚鵡只會說「當然」後，他很生氣地說：「只有笨蛋才會花三千塊錢，買這樣的鸚鵡！」

「當然！」鸚鵡回答。

每次你罵別人笨蛋的時候，你以為你是在罵誰？你罵的其實是自己。

你罵你的學生笨，你想過嗎？這笨蛋是誰教的？

你罵你的員工笨，你想過嗎？這笨蛋主管是誰？

你罵你的孩子笨，你想過嗎？這笨蛋是誰生的？

如果他們真的那麼笨，那你又會有多聰明？

你老愛罵你的太太或先生笨，你老抱怨說，是別人辜負你、欺騙你，你想過嗎？自己為什麼那麼好騙？

有個人想買一隻會說話的鸚鵡做他太太的生日禮物，他聽說有一隻稀有的巴西藍彩帶鸚鵡正在公開拍賣，於是他決定去看一看。

會場裡擠滿了人，在台上站著一隻少見的寶藍色長尾鸚鵡，活靈活現的眼睛，一看就知道是一隻很聰明的鸚鵡。於是他決定把牠買下來。

他喊價：「一萬元。」

有另一個人競價：「一萬五千元。」

他又出價：「一萬八千元。」

對方也不放棄，一下喊出：「五萬元。」

他倒抽了一口氣，但仍然不想放棄，於是繼續出價。十分鐘後，他總算以十萬原把這隻鸚鵡買下來。

當他把錢付給拍賣會主持人的時候。主持人告訴他：「你買的這隻鸚鵡真的很特別，很漂亮。」

「可是，實在是太貴了。牠會講話嗎？」

「講話？剛剛十分鐘就是牠一直在跟你喊價啊！」

43 誰說瘋子就比較笨？

「人」「扁」為偏。人一旦有了偏見，往往就會把人看「扁」了。

有一個人發現他的車胎扁掉了，所以他就將車子停下來換輪胎。那輛車子停放在一家瘋人院的前面，當他在換輪胎的時候，有一個瘋子透過離笆一直注意看他。結果一個不小心，開車的人把所有的螺絲都掉進臭水溝裡，他真是又氣又惱。

這時，那個瘋子把開車的人叫過來，建議他：「可以將其他三個輪子的螺絲釘各卸下一個，來鎖住第四個輪子。」

「這是個好主意，」那個開車的人說：「像你那麼聰明的人，為什麼會關進那裡面？」

「很簡單，」那個瘋子說：「我之所以被關在這裡是因為我發瘋，而不是因為我愚笨。」

沒錯，誰說瘋子就比較笨？

人是經驗的產物，我們對人事物的看法，經常被自己過去的經驗系統所限制與扭曲，所以許多被我們認定的事實並非真相，往往只是「印象」罷了！

在某個車禍現場，有位女士準備過去看看是否能幫點忙時，突然被一位男士一把推開：「這位女士請讓開，我學過急救！」

這位女士看了他一眼，然後對他說：「好的，我讓開。但如果你需要醫生時，我就站在你後面。」

這就是偏見，「人」「扁」為偏。人一旦有了偏見，往往就會把人看「扁」了。

44 這個禿頭男是誰？

如果你對某人早已有特定印象，當然無法認識現在的他。

一位母親和她的兒子在欣賞全家人的相簿，他們看到一張照片，上面是一個英俊的男子——濃密的頭髮配上性格的鬍子，很年輕、很有朝氣的樣子。

小男孩問道：「媽咪，這個男的是誰啊？」

這位母親說：「你認不出來嗎？他是你爸爸啊！」

小男孩露出一臉困惑的說：「如果他是爸爸的話，那跟我們住在一起的這個禿頭男人是誰？」

你拍一個人的照片，那照片上的人到隔天還是一樣，之後不管多久，你再去看照片上的人依然沒變，但他真的沒變嗎？如果你去看真實的人，它已經不一樣了。

印象就像照片，你對某人一旦印象確立，你對他的看法就很難改變。但人不是照片，照片是靜止的，人是活動的，沒有人是永遠不變。

如果你對某人早已有特定印象，你當然無法認識現在的他。

45 原來……

在你確定整個事實之前，千萬別輕易下定論。

有一個打扮美麗時髦的小姐，正要搭機去某地。在候機室她買了一包餅乾。當她翻開心愛的小說，準備「好整以暇」的邊看邊吃時，她發現坐在她旁邊的一個男人居然打開她的那包餅乾，並且就放在椅子上，毫不猶豫的吃著。

她心想怎麼會有這樣「厚臉皮」的人，於是她也不客氣的拿餅乾吃起來。兩人就你一片，我一片的搶著吃。她滿肚子怨氣，想不到會有這麼貪小便宜的人，吃到最後一片時，那男的居然還折成兩塊，一人一半。她已經氣得要命了，那男的臨上飛機竟然還對她笑一笑。

當她在飛機上坐定後，想拿起提袋中未看完的小說，一包完整的餅乾竟出現在她提袋中，原來……。

沒錯，事實常常不是你認為的那樣。

麥克說：「波特！老兄啊！你怎麼搞的？眼圈黑了這麼一大片？」

波特搖搖頭說：「我真是衰到家了！我在哈莉家，正擁著這可人兒跳舞，她父親卻走了進來。」

「她父親認為跳舞是一件邪惡的事，於是就賞了你一拳，是不是啊？」

「非也！麥克！他老人家耳聾啦，根本就聽不到音樂。」原來……。

感覺也許是真實的，但是事實卻經常被蒙蔽。因此，在你確定整個事實之前，千萬別輕易下定論。

46 教宗當他的司機

被狗吠的人，不一定是賊；穿著入時的社交名媛，也不一定是貴婦。

有一次教宗去英國訪問。在結束了正式訪問之後，教宗決定去一個幽靜的山間小鎮度假。

一路上車輛稀少，擁有駕駛執照，但自從當上教宗之後，沒開過車的教宗，突然心血來潮，想試一下自己的駕駛技術，於是和司機調換位子，由教宗駕駛。教宗一路上開車得心應手，兩旁風景優美，不知不覺，時速開到一百英哩。

忽然，一輛警車追上來，攔下這輛超速的車子。教宗搖下車窗，溫和地微笑，把駕駛執照交給警察。

警察大吃一驚，不知如何處理。立即打緊急行動電話到總部：「喂，報告長官，我是哈利警官。我攔到一輛車超速，但是車上坐了一個非常重要的人物，我不敢開罰單。」

「車上坐的是警察總長？」電話那一端傳來話聲。

「不是，比他更重要的人。」哈利警官回答。

「是首相？」

「不是，比首相還重要。」警官回答。

「哇，老天，是女王陛下？」

「不是，我也不知道他是誰，我只知道教宗當他的司機，我猜想他一定是上帝吧！」警官回答。

誰說坐在司機後面的人就一定比大？記得有一回跟幾位朋友聚餐，結果其中一位企業老闆，因為當天他的司機酒喝多了點，就是由他負責當司機。

人們許多「刻板」的印象，其實都是不正確的。比方，「女人都是爛駕駛」、「男人都很不衛生」、「生意人都很狡猾」、「台北人都很現實」、「開雙B的都是有錢人」等等。這些其實都只是人們的成見罷了。

被狗吠的人，不一定是賊；留著長髮、長鬍子的，不一定是藝術家；穿著入時的社交名媛，不一定是貴婦。沒錯，讓教宗當司機的，也不一定是上帝。

47 我是你的隨從，長官

為什麼我們能記得久遠的事，卻看不見眼前的人？

大西洋艦隊司令瑞特上將在擔任美國大西洋聯軍統帥時，有一件事使他頗為自豪。當他到美國海軍軍校去視察時，他記住了每個新生的姓名及面貌——約有一千人左右，而且到現在大部分他都還能認出來。

最近他一看到某個軍官，便認出那是那班上的學生之一。

「你是四年一班的馬丁。」他對那個又驚又喜的軍官說。

交談了幾句話，瑞特上將問：「現在在哪裡服務？」

「我是你的隨從，長官。」馬丁回答道。

為什麼會這樣？為什麼我們能記得久遠的事，卻看不見眼前的人？

這是因為每天在你眼前的人，你自認已經熟得不能再熟了，那有什麼好看？這就好比你在房中懸掛一幅畫，每天進出都會看見它，習以為常之後，你就會視若無睹；好比你住在河邊，只需要幾天的時間，你就聽不見水聲了。

你可以回想一下，上次你專注地凝視你的先生（太太）是什麼時候？你很用心記下他（她）對你說的話又是什麼時候？

你是不是也是這樣——能記起對方很久很久以前的錯，卻遺忘了關注眼前的他（她）？

48 這就看你有沒有道德心

好壞對錯就跟道德一樣，是相對而不是絕對的。

小店主的一個顧客剛剛離開，店主的兒子發現顧客忘記帶走找給他的錢，於是問爸爸：「應該怎麼辦？」

爸爸說：「這就看你有沒有道德心。有道德心的話，就把鈔票給爸爸。沒良心的話，就自己拿去花掉。」

人們非常自我，對自己有益或你認同的，你就說他好；對自己不利或你不認同的，你就說他壞。比方，貓吃老鼠，如果你很討厭老鼠，那隻貓就是「好貓」；然而如果那隻貓吃的是你的寵物鼠，那牠就變成「壞貓」。

你喜歡的人，你就說他好，你不喜歡的人，就說他壞，但事實真是這樣嗎？當然不是，好壞對錯就跟道德一樣，是相對而不是絕對的。

一個成功的企業家告訴他的孩子說：一個成功的人要具備誠信與智慧兩個必要條件。

子：什麼是誠信呢？

父：誠信就是明知明天要破產，今天也要把貨送到客戶的手上。

子：那什麼是智慧呢？

父：不要作出這種傻事！

你看，就是這樣，什麼誠信道德，那都是自己在定的。

49 快起來，我們發財了

生命是多元多采的，沒有任何一件事應該佔有你生命的全部。

在熱鬧的市集上，上級貼了一張懸賞告示：

「捉住一個阿拉伯人，可以得到賞金一千元。」

阿里和尤拉兩個年輕人看到告示後，決定借此大撈一票，於是他們開始動身搜索獵物。

幾天勞頓下來，兩人精疲力竭地陷入夢鄉。阿里醒來時，發現他們被成千上百個持槍的阿拉伯人包圍，阿里興奮地推醒尤拉說：「快起來，我們發財了。」

欲求最大的問題，便是讓一個人的眼睛只看到目標，而看不到自己和周遭的人。曾經，有一個人在鬧市搶劫黃金，結果被逮個正著。有人覺得奇怪，問他：「街上到處都是人，難道你沒看見嗎？怎麼還敢搶劫？」

他頹喪地說：「當時，我真的只看到黃金，卻沒看到人。」

所謂著魔 obsession 就是這樣，太沉溺於某個事物，就像被催眠一樣，生活中其他的事物全然消失不見，就只剩下一件事留下來，那就是著魔。

有些人只想著工作，一天二十四小時只想著工作，他可能在開車、可能在吃飯，或是做著別的事，但腦中還是想著工作，這就是對工作著魔。

有些人只想著賺錢，整天腦子所想、行為所做、嘴巴所說的，都是錢、錢、錢，他可能在渡假，可能在洗澡，但是滿腦子想的都是錢，這就是對錢著魔。

生命是多元多采的，沒有任何一件事應該佔有你生命的全部。

50 本來有可能更糟

如果你斷了一條腿，你就該感謝上帝沒有折斷你兩條腿。

傑克是出了名的樂天派，無論碰到多糟的事，他總是樂觀地說：「還好，本來有可能更糟。」他的態度讓一些朋友覺得不以為然，於是他們決定要杜撰一個狀況，把那個狀況弄得很悲慘、很絕望，總之要讓傑克無法找到任何希望。

這一天，他們來到一個俱樂部的吧台，其中一個朋友臉色沉重地說：「傑克，你有沒有聽說喬治發生的事？他昨晚回家的時候，發現他老婆跟另一個男人在床上，他舉槍把他們倆幹掉，然後又舉槍把自己幹掉。」

「真慘，」傑克說：「但是還好，本來有可能更糟。」

「什麼跟什麼，」他這個朋友簡直無法置信，「還有可能更糟？」

「這個嘛，」傑克說，「如果這是發生在前天晚上，現在我可能死了。」

猶太有段諺語：如果你斷了一條腿，你就該感謝上帝沒有折斷你兩條腿；如果斷了兩條腿，你就該感謝上帝沒有折斷你的脖子；如果折斷脖子，那也就沒有什麼好擔憂的了。

當你為了腿短而煩惱時，何不換個角度想：還好！不是腿斷；

當你為了身上的贅肉而抱怨時，何不換個角度想：還好！不是腫瘤；

當你為了失去升遷而氣憤時，何不換個角度想：還好！不是失業；

當你為了分手而難過時，何不換個角度想：還好！不是離婚；

當你為了破財而沮喪時，何不換個角度想：還好！人平安就好。

沒錯，本來有可能更糟。

「你真是萬幸！」一位摩托車騎士撞倒了小陳之後說。
「你撞到人，還說風涼話？」
「因為我平常都是駕駛大卡車的！」

51 那隻白狗會贏

只要你經常餵白狗，牠就會贏。

一個老先生經常悶悶不樂，家人非常擔心，就帶他到醫院去看病。

他無法具體描述自己的症狀，只能用象徵的方式說：

「醫生，我的心中有兩條狗，一隻是白狗，一隻是黑狗。牠們經常打架，讓我左右為難，心沉重，不知如何是好？」

醫生聽完，非常肯定地告訴他：「放心，那隻白狗會贏。」

老人問：「您怎麼知道？」

醫生說：「只要你經常餵牠，牠就會贏。」

每個人內心都有著光明面和黑暗面。這光明面和黑暗面的對立，就如同黑狗和白狗之間的對抗，總是沒完沒了。

之前你心情很好，而現在你覺得鬱悶，那是因為你的想法從光明轉向黑暗，你內心的黑狗打敗了白狗；反之，如果你專注在正面和快樂的想法，那個黑暗面就會消失，白狗就會打敗黑狗。

所以，如果你想打敗憂鬱，想要讓自己開朗起來，最重要的就是要看向光面。就像那位醫生說的：只要你經常餵白狗，牠就會贏。

52 現成的幸福

樂觀是什麼?樂觀就是能在最糟的情況下選擇最好的解釋。

一位年輕人非常生氣。

「你怎麼給我介紹這樣的對象?」他指責媒人說:「這個女人有三個小孩呢。我不是虧大了嗎?」

「你錯了!」媒人說:「相信我,這是穩賺不賠。」

「怎麼說呢?」

「你想想看,」媒人說:「假如你娶了一個女孩,你們決定要孩子,這得經過多少的麻煩才能有三個孩子呀!要懷三次孕,這多浪費時間、精力和金錢。你妻子每生一個小孩就要恢復一次，你甚至還得把她送回鄉下去休養。你要在城裏工作，就得忍受和妻子分別，而且還要兩頭跑。那你的生活就會一團糟，你一定吃不好也睡不好，你還要在妻子不在時負責看管孩子。要是你娶了有三個小孩的寡婦，這些都省啦！這可以替你省多少麻煩。又不用辛苦帶孩子，又不必照料妻子！這種穩賺不的機會，你要是錯過了，才是大傻瓜！」

樂觀是什麼?樂觀就是能在最糟的情況下選擇最好的解釋。

在這世界上只有兩種類型的人：一種是悲觀的人，一種是樂觀的人。悲觀的人活得都很痛苦，因為他們是負面的，他們總是在玫瑰花叢裡找到刺，而樂觀的人則能化悲為喜，他們總是在刺上面看到玫瑰。

我聽說，英國政府招標在英倫海峽下面開修隧道，估計要耗資億萬英鎊。可是有家公司說，他只要一萬英鎊就行了。

「如果把機器和人工計算在內，」建築工程主委問那位廉價投標人：「那麼一點錢你怎麼可能完成工程？」

「簡單的很，」投標人回答，「我的夥伴拿一把鏟子，從法國那邊開始挖掘。同時我也拿一把鏟子，從英國這邊開始挖掘。等到我們相遇時，隧道就完成了！」

「假如你們遇不到呢？」

「那麼你們就賺到了，即將就有兩條隧道了！」

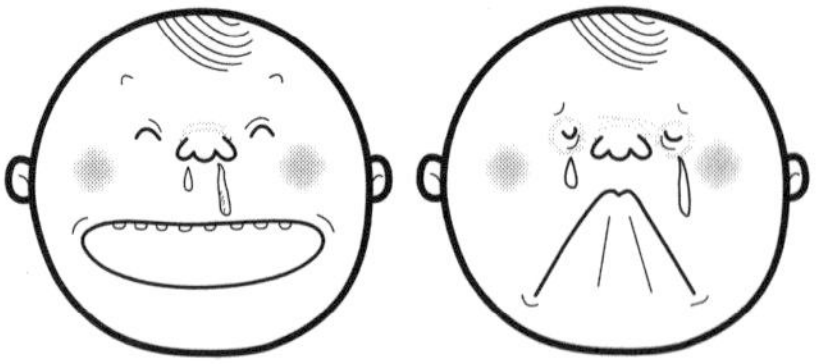

53 換個說法，結果不同

良言一句三冬暖，惡言一句九月霜。

「你先生姓什麼啊？」甲太太問。

「我先生姓金，『金玉滿堂』的金。」乙太太回答。

「真巧耶！我先生也姓金，『金屋藏嬌』的金！」

「你太太姓什麼啊？」甲太太問。

「我太太姓葉，『金枝玉葉』的葉。」乙先生回答。

「唉呦，真巧耶！我太太也姓葉，是『粗枝大葉』的葉。」

同一個字，就看你怎麼說。

一個書生要進京趕考，隨行的僕人伺候他，但僕人讀書不多，老說錯話。當書生帽子掉在地上，僕人便說：「少爺的帽子『落地』了。」

書生生氣的說：「你要說『及第』，不能說『落地』。」

「是的，」僕人便將他的帽子重新戴上，並緊緊的綁住帽帶說：「這次保證不會再『及弟』了！」

同一句話，就看你怎麼說。

婦人走進鞋店，試了十幾雙鞋都找不到一雙合腳的。最後，感到厭煩的店員對她說：「我們的鞋子不合妳的腳，是因為妳的一隻腳比另一隻腳大。」那位婦人沒有買什麼就走了。

到了下一間鞋店，她試鞋時又發生同樣的狀況，最後，笑容滿面的店員對她解釋：「太太，妳知不知道你有一隻腳比較小？」結果那位婦人開心地買了兩雙新鞋走了。

同一件事，就看你怎麼說。

說法換，結果就不同。有道是：「良言一句三冬暖，惡言一句九月霜。」你所說的話可以讓人覺得如春風拂面，也可以讓人覺得如寒冬刺骨，就看你怎麼說。

有一位上了年紀的婦人，當眾要一位男士猜她的年齡，這使他覺得有點尷尬。

這位男士開始思量著，一旁的婦人則催促說：「我真的那麼老了嗎，算那麼久還算不出來？」

「喔，當然不是。」他溫雅地答道：「我的困難就在於我是否要因妳的美麗而少說十歲，還是要因妳的智慧而多說十歲。」

我相信這婦人聽完，一定覺得很窩心，這就是良言一句三冬暖。

54 垃圾變黃金

發生的事只不過是發生的事，至於要如何反應則又是另一回事。

在美國一個市場裏，有個中國婦人的生意特別好，引起其他攤販的嫉妒，大家常有意無意把垃圾掃到她的店門口。這個中國婦人不但不計較，反而把垃圾都清到自己的角落。

有人問她為什麼不生氣，她笑著回答：「在我們國家，過年的時候，都會把垃圾往家裏掃，垃圾越多就代表會賺更多的錢。現在每天都有人送錢到我攤位上，我為什麼要生氣呢？」

她的話被傳了出去，此後，那些「垃圾」就再也沒出現過。

發生的事只不過是發生的事，至於要如何反應則又是另一回事。英國小說家赫胥黎說得對：「經驗不是指發生在你身上的事情，而是指你如何去看待發生在你身上的事情。」像這位中國婦人，她把「垃圾變黃金」，整個結果也就完全不同。

蟑螂姐弟第一次出去見世面，沒多久蟑螂姐姐跑回來向爸爸哭訴：「爸，為什麼大家都說我是『害——蟲』！嗚嗚嗚……」

而蟑螂弟弟到了很晚才回來，他高興的說：「爸！大家都對我很熱情呢。」蟑螂爸爸很納悶，此話怎講？蟑螂弟弟說：「大家看到我都說，『嗨……蟲！』」

當別人遞給你酸溜溜的檸檬，你只要加點糖，把它變成好喝的檸檬汁，那不是很好嗎？

55 這個吐司烤得太焦了！

當一切都很好，人往往就忘了自己會講話。

有一個母親非常擔心她的兒子，他已經十歲了，但是連一句話都不會說。他們用盡一切方法想找出原因，但是每個醫生在檢查之後都說：「沒有什麼不對勁，腦部完全沒問題，身體方面也正常，這個孩子很健康，沒有什麼需要進一步醫治的。」

但是即使醫生再三確認，他還是一樣，不說話就是不說話。然後突然有一天早晨，這孩子突然說話了，他說：「這個吐司烤得太焦了！」

他母親簡直不敢相信，她瞪著他看，她嚇著了，她說：「什麼！你會講話，而且講得很好！為什麼你以前一直都不說話？我們用了所有方法，但是你就是不說，為什麼？」

那個小孩說：「以前從來沒有什麼東西不對勁，那個土司是第一次烤焦的。」

你注意過嗎？每當事情出了差錯，人就會開口；但是當一切都平安順利，人卻少開口。

如果你在受苦，你就會質疑：為什麼是我？我為什麼會遇到這種事？但是你很快樂，一切都很美好你會去問嗎？你會問：我為什麼會遇到這種事？會嗎？

如果你孩子、伴侶、員工或學生出了錯，你就會問：為什麼這樣，為什麼那樣？但是當一切都平順，沒有問題，你會問為什麼嗎？不，當一切都很好，人往往就忘了講話。

想想看，你是否也是這樣？只有在事情出了差錯才開口，其他時候就像個啞巴一樣呢？

56 我忘記我也是警察了

當習慣養成之後，那就不是小事啦！

有個小偷，後來改邪歸正，考取了警察，並當起警察來。

一個星期天，他值班外出巡視，正巧在街上發現一小偷。

他立刻將他拘捕，並且用行動電話通知警局。

可是，這個小偷便趁他打電話時，把他推倒在地而逃跑掉。

警局派出的警車很快的趕了過來，這個被推倒的警察，從地上跳起來就跑。

警車上的警察感到非常不解，費了好大的力才把這個警察追到，他們問他為什麼看到警車來就跑？

「我忘了，」他的臉紅了起來：「我忘記我也是警察了，以前，我看到警察就要逃跑。」

這就是習慣，習慣成自然。

柏拉圖曾告誡一個遊蕩的青年說：「一種習慣養成後，就再也無法改變過來。」

那個青年回答：「逢場作戲有什麼關係呢？」

柏拉圖立刻正色說道：「不然，一件事一經嘗試，就會逐漸成為習慣，那就不是小事啦！」

他說得對，像偷竊、賭博、壞脾氣、找藉口、繃著臉、彎腰駝背、抽煙喝酒、口無遮攔等等，在開始時，都是不經意的，但是等到我們覺察自己有這種壞習慣時，大多早已根深柢固了。

我聽說有個失業的廚師找到一份火葬場的工作，他想他應該架輕就熟，沒想到馬上被開除，原來他老是習慣問家屬說：「請問，你們要烤幾分熟？」

沒錯，當習慣養成之後，那就不是小事啦！

57 送行的反被人送

凡事要求快、快、快，結果慢、慢、慢。

有三個男人一起前往火車站，但到達車站時，發現南下的火車已經開走了。雖然心中十分掃興，但也沒辦法，只好等下一班火車。

於是三個男人就一起到「鐵路餐廳」裏吃東西、聊天、消磨時間。話匣子一開，三個男人七嘴八舌，談得十分起勁，一下子把時間給忘了。當他們猛然想起「火車時間到了」時，趕緊抓起行李，衝向火車月臺。

此時，火車已緩緩開動，於是三人急忙沿著月臺追趕已漸漸加速的火車。前面兩個人速度比較快，終於在千鈞一髮之際，跳上了最後一節車廂！但是第三個男人，因為行李較重、跑得慢，所以沒趕上火車，只好氣噓噓地看著兩個朋友漸遠而去！

突然之間，沒趕上火車的男人站在月臺上，忍不住大笑起來！

「你怎麼了？沒趕上火車，怎麼還哈哈大笑呢？」站臺上的工作人員大惑不解。

「剛剛衝上火車的那兩個朋友，是來為我送行的！」

人一急迫，就容易出錯，到頭來反而欲速不達。

各位看「迫」這個字是怎麼寫的？是合「白走」為迫，意思是說，凡事急迫，結局不是「白走」一趟，白忙一場。

有一句諺語說得對：「凡事要求快、快、快，結果慢、慢、慢。」你想速度更快，結果往往變得更慢。

有一個人激動地打電話給醫生說：「求求你趕快過來，我兒子把我的鋼筆吞下去。」

醫生回答：「我馬上過來，可是這段等待時間你怎麼辦呢？」

「我先用鉛筆好了。」父親回答。

58 不曉得要在哪一站下車？

你辛苦是為了什麼？你努力往前是要到哪裡？

美國有一位鼎鼎大名的大法官，公務太多，忙碌不堪，每天的行程總是排得滿滿的，連看時間表的時間都沒有，當然也沒時間聽秘書簡報，每次總是秘書幫他打車票逕赴各地，至於要到哪裡，也只有看看車票才知道。

有一次，真是忙中有錯，竟然丟失了車票而不自知，等到列車長前來驗票才覺察到，大法官遍尋不著，急如熱鍋上的螞蟻，列車長看在眼裡，於心不忍，忙說：「算了，大法官，哪天您把車票找到了，再寄回就可以了。」

未料大法官竟回答說：「我不是怕車票掉了，我只是不曉得要在哪一站下車?」

只知道拚命地往前衝，卻不知道自己要到哪裡?拼命地追求更多，卻不知道自己要的是什麼?這不也是許多人共同的寫照嗎?

我想，每個人在追求人生的道路上，都需要經常下腳步，回頭檢視一下自己：要確知自己「真正要的」是什麼?你辛苦是為了什麼?你努力往前是要到那裡?

千萬不要過了站，卻忘了下車?

59 打錯電話的啦！

你的時間在哪裡，成就就在哪裡；你花時間在哪裡，生命的價值就在哪裡。

話說有一位長舌婦，每次講電話要最少都要二個小時以上，連她老公都覺得她的生活只要有電話就好了，不必有老公，因為她抱電話的時間比抱老公還多。

有一次，她又接到一通電話，老公心裏想這一通不知道又要講幾個小時了，沒想到出乎意料，她講半小時就掛上電話。

於是老公就很好奇地問：「是誰打的？」

「沒有啦，打錯電話的啦！」

一般人老抱怨時間不夠用，然而卻很少人真正善用時間。人們喜歡東聊西扯，要不就應酬聚餐、長篇漫談，要不就成天遊手好閒、言之無物……

張太太在前院曬衣服，她的朋友剛好路過，兩人就聊了起來，聊了一個多小時，才互道再見。

張太太進門後，張先生問她為什麼不請朋友進來坐坐。

張太太說：「我有邀請她，但是她說她沒空。」

「沒空」那是因為「太空」。虛耗時間，最後時間當然會不夠用。

你熱愛生命嗎？美國政治家富蘭克林說：「如果你熱愛生命，那就不要浪費時間，因為時間就是生命。」你的時間在哪裡，成就就在哪裡；你花時間在哪裡，生命的價值就在哪裡。所以，千萬不要浪費時間在沒有意義的事情上。

60 其實，也沒那麼糟啦！

在明天看來是個壞事，很可能到了後天又變成好事。

這一天，瑪麗遇到一位久未謀面的老朋友朵拉。

「嗨！朵拉，好久不見，最近可好？」瑪麗問道。

「還好啦，」朵拉說：「自從上次見到你之後，我就結婚了。」

「你結婚了？真的？」瑪麗說：「那太好了！」

「其實，也沒那麼好啦！」朵拉說：「因為我嫁了個渾球！」

「你嫁了個渾球？」瑪麗說：「那可真糟糕！」

「其實，也沒那麼糟啦！」朵拉說：「他倒是很有錢！」

「你丈夫很有錢？」瑪麗說：「那太好了！」

「其實，也沒那麼好啦！」朵拉說：「他很小氣！」

「你先生很有錢可是很小氣？」瑪麗說：「那可真糟糕！」

「其實，也沒那麼糟啦！」朵拉說：「他為我們蓋了間豪宅！」

「用他的錢蓋了一間豪宅？」瑪麗說：「那太好了！」

「其實，也沒那麼好啦！」朵拉解釋說：「因為那棟房子已經燒掉了！」

「房子燒掉了」瑪麗說：「那可真糟糕！」

「其實，也沒那麼糟啦！」朵拉回答說：「因為當時他也在房子裡！」

「福兮禍所倚，禍兮福所倚」，人生禍福、好壞、對錯本來就很難預料。今天在你看來是件好事，可能明天卻變成了壞事；相對來說，在明天看來是個壞事，很可能到了後天又變成好事。這是很可能的。

作家梅樂．雪恩（Merle Shain）說得對：「大多數的人總會為了某人或某事而傷心落淚，如果我們當時便能清楚狀況，我們反而慶幸自己的好運。」

你覺得境遇很糟嗎？先別急著難過，也許那正是你好運的開始。

61 我已經出汗了！

錢財只有用來造福他人時，才是真正的擁有。

有一個吝嗇的富翁病得很重，醫生開出一個藥方，附帶下列的警告：「如果在服藥之後你會出汗，那就表示你會康復，如果不出汗，那麼就只有神能夠幫助你。」

那個吝嗇鬼服了藥，但是並沒有出汗，看起來他已經沒救了。

「我們來打電話給他，」鎮長對該鎮的長老們說：「或許他現在會覺得後悔而願意捐給教會一些錢。」

他們把文件和筆都帶著跑去拜訪他，他們發現他處於一種後悔的心情，於是鎮長帶著捐款簿來到他得床前對他說：「教會現在很需要錢來整修。」

「那就捐一百美元給教會吧！」那個吝嗇鬼呻吟地說。

「那些孤兒的補助金也已經用完了。」鎮長說。

「那就再捐一百美元……等一下，等一下！」那個吝嗇鬼突然喊出：「劃掉！我已經出汗了！我已經出汗了！」

德雷莎修女說：「世界上為什麼會有貧窮？因為大部分人都不想和別人分享擁有的。」

真正的名譽，不在於時人的羨慕，而在於為後人所尊敬；真正的擁有，不在於一己的獨占，而在於能為大家所分享。

有錢是福氣，但要懂得施捨才有福報。錢財只有用來造福他人時，才是真正的擁有。

62 找銅板

對錢一毛不拔的人，在感情上也是吝於付出、只拿不給的吝嗇鬼。

喬治和瑪麗相愛，他們想要一起共度春宵。

「你了解了嗎？親愛的。」瑪麗說：「當我父母睡了，我就會丟下一個銅板來告訴你，我會先把門打開，然後你就可以上來。」

喬治在窗戶底下等，最後瑪麗終於丟下一個銅板，然後以期待的心情躺在床上，她穿著一件輕薄的晚禮服在那裡等著，左等，右等……

過了半小時之後，她去到窗戶那裡很不耐煩地喊出：「喬治，你到底要不要上來？」

「要，親愛的，」喬治回答：「我一找到那個銅板就立刻上去。」

如果你想考驗情感，只要拋出一個金錢的問題即可！

金錢會把「那個人」最真實的一面引出來。金錢會顯露人性最醜陋的一面，即使你已經認識大半輩子的朋友，當碰上錢的問題，都會讓你認不出來！

當然，你也可以透過金錢來認清一個人。一個人怎麼花錢，對錢的事物如何反應，對錢的計較程度，比起生活中任何其他事物，更能反映他這個人。

會對錢斤斤計較，對人、對事必然也斤斤計較；對錢一毛不拔的人，在感情上也是吝於付出、只拿不給的吝嗇鬼。

63 撿到葡萄，卻掉了西瓜

人就算賺得全世界，賠上自己的生命，又有什麼意義呢？

曾經有一個人，他發生致命的車禍，躺在醫院裡昏迷一個禮拜才甦醒過來，當他醒過來的時候，醫生就在他旁邊：他問醫生到底發生了什麼事。

醫生回答說：「喔！我有一個小小的壞消息和一個小小的好消息要告你，讓我先告訴你壞消息──你發生了一次非常嚴重的車禍，當時你的雙腳都被壓碎，為了拯救你的生命，我們利用你在昏迷的期間截斷你的雙腳。」

他大聲哭叫：「哦！天啊！你是說我的兩隻腳都已經被砍斷？從此以後再

也無法走路了嗎？後半輩子都必須在輪椅中度過嗎？哦！這真是最糟的事。」他說話時極度地懊惱。

然後，他稍微回復鎮靜，鼓起勇氣問：「那什麼是好消息呢？」

醫生回答說：「走廊上有人願意出三千塊錢買你那雙名牌的鞋子。」

這算什麼是好消息？賠上了身體，再多的錢又有什麼用呢？

許多人為了加班拼業績，不惜犧牲睡眠和休息的時間；為了拼命賺錢，不惜透支健康；最後把身體都拖垮了。

引自耶穌的話：「人就是賺得全世界，賠上自己的生命，這又有什麼意義呢？」

撿到葡萄，卻掉了西瓜。值得嗎？

64 我也是被你們嚇到

你在顧慮別人的時候，別人也顧慮你，每一個人都在害怕別人。

有個人走在一條小路上，那條路行經墓地，所以平常很少人經過。這時太陽已經下山，天色已慢慢昏暗下來。這個人突然害怕起來因為他看到有幾個人排成一隊向他走過來。

他心想：這些人一定是強盜或土匪，這裡沒有其他人，只有我自己，現在該怎麼辦？他看到身邊有一道牆，不管三七二十一立刻跳過去，但是當他定了神，才發現他跳進一個墓地裡面。有一個新挖的墳墓在那裡，所以他就爬了進去，這麼一來，他多少覺得比較安心，他心裡想著，等那些人走後，他就可以回家了。

但是那些人看到剛剛明明有人走在前面，怎麼突然不見了，他們有人注意到他是跳進了墓穴裡，所以他們也變得害怕，到底是怎麼一回事？他為什麼要跳進墓穴？是不是想做什麼壞事？

他們決定翻過牆去看個究竟。躲在墓穴裡的那個人心想，我就知道他們一定有問題，現在已經沒有其他辦法了，我必須假裝成死人，因此他就開始假裝，他躺在那兒一動也不動。但是那些人有人看到他從牆上跳過去，所以他們覺得非常害怕。

這個人是怎麼回事？他們站在墳墓的周圍，往裡面看，他們說：「你怎麼啦！你為什麼要躺在這裡？你不要嚇我們好不好？」

那個人自知無法繼續假裝下去，只好起身，他不好意思的說：「你問我說為什麼我在這裡，而我也想問你們說為什麼你們在這裡。我不是故意要嚇你們的，我也是被你們嚇到，所以才會跑到這裡。」

事實上，每個人都在害怕別人—你因為別人這樣，所以你才那樣；別人也是因為你那樣，所以才這樣，這已成了一個惡性循環。你擔心他們會怎麼想，他們也在想你會怎麼想；你在顧慮別人的時候，別人也顧慮你，每一個人都在害怕別人。

人一直把自己放在展示櫥窗，一直在看別人會怎麼想，我們似乎總是「被人看的」，而比較少是「看自己的」。但是當你去看別人，他們也是在做同樣的事，他們也在看你；你在怕別人的時候，別人也在怕你。

你曾經想過嗎？為什麼你要那麼顧慮別人？

65 爛鞋，不是爛人

當你鞋底開花而弄痛腳時，你需要修理的是鞋子，而不是腳。

一位著名的演說家，手裏高舉著一張一百美元的鈔票，對聽眾們說：「這是一百美元，如假包換。那麼，有誰要這張鈔票的請舉手。」

一隻隻手舉了起來。

演說家將鈔票揉成一團，然後問：「誰還要？」

大家還是舉起手來。

演說家又把鈔票扔到地上，用腳在上面用力踩它。然後他拾起鈔票，鈔票已變得又髒又皺。他問：「現在還有人要嗎？」

大家仍然舉起手。

演說家說：「朋友們，無論我如何對待這張鈔票，你們還是願意要它，因為他並沒有貶值，它依舊值一百美元。人生路上，我們會經歷無數失敗、錯誤和打擊，甚至被折磨得遍體鱗傷，覺得自己似乎一文不值。但無論發生了什麼事，請大家記住，你還是一樣，你是永遠不會貶值的。」

假如你去買一雙鞋子，結果才穿沒幾天就爛開來。我們可以說這雙鞋品質很差，買了沒有價值，甚至是說這是雙爛鞋，但是你會因為這雙鞋，連帶地認為穿鞋的人是「爛人」嗎？

有句話說好：「錯誤的是事情，不是人。」「我」在做「這一件事」但是「我不等於這一件事」。這件事毀了，我還在；那件事失敗了，我並沒有失敗。而且我還可以從這些錯誤的經驗中得到成長，可以從這些失敗中學到成功。總之，成敗得失都是事情，不是你。

所以，不要在乎別人怎麼說，就算你犯了什麼錯，但那錯誤的是你的行為，不是你，只要改變行為就好，不必因此就認為自己是個差勁的人。

反之，當你批評或指正別人時，也是一樣，記得要針對他們的行為做批評，而不是他們個人。正如你因為鞋底開花而弄痛腳時，你需要修理的是鞋子，而不是腳，對嗎？

66 是牛大便沒錯

爭論就是這樣，就算證明你是對的，但你還是愚蠢的。

夜深時刻，有兩個醉漢正要從酒吧走回家，他們像以往一樣喝得醉醺醺的。當他們沿著路邊走路時，其中一個人看見前面有一堆牛糞，他們幾乎快踩到了。

他大叫：「停！」

另一個人問：「這是什麼東西？」

第一個說：「你看啊！是牛大便！」

第二個人靠近大便仔細地觀看一下說：「不，不對，它是泥巴！」

第一個人說：「我說它是牛大便。」

第二個醉漢說：「不對，它不是牛大便。」

「它是牛大便！」

「不是！」

最後，第一個醉漢很生氣地將一根手指頭插進去牛大便裡面，然後將手指頭放在嘴巴裡。在試了味道之後，他跟第二個醉漢說：「我告訴你，這真的是牛大便。」

於是，第二個醉漢也跟進，他慢慢地品嚐它的味道之後說：「或許你是對的！」

第一個人再次試了一次，他想證明他的觀點，然後他宣佈：「是牛大便沒錯。」

第二個人也在第二次嘗試後說：「嗯！真的是，沒錯！」

他們終於停止爭論，非常友善地互擁對方說：「哈！還好我們沒有踩到！」

爭論永遠是愚蠢的。因為如果雙方都知道，那就根本不需要爭論；而如果雙方都不知道，那麼爭論又有什麼意思？因為沒有人知道。

爭論就是這樣——就算贏了，但你還是輸；就算證明你的觀點，證明你是對的，但你還是愚蠢的。

想一想，如果你是對的，但別人卻否定你，你會因為別人的否定，就變錯的嗎？你說地球是圓的，而對方卻說是方的，地球會因為他的否定就變方的嗎？

愚蠢的人之所以愚蠢，因為他們想證明自己，所以他們會去爭論，會去做一些蠢事，而一個聰明的人並不會跟著去做，他本身的聰明就已經說明了他的優越和勝利了，他不需要證明什麼。而愚蠢的人則不斷想證明自己——即使吃牛大便也無妨。

像那樣，就算贏得了面子，也輸掉了裡子。所以我說爭論永遠是愚蠢的，

難道不是嗎？

67 因為有像你一樣的混蛋

如果你的信仰無法包容別人，那你憑什麼認為自己的信仰比別人的偉大？

有一天晚上，羅絲太太在科德角一個非常「排外」的度假勝地，正處於走投無路的困境中。「排外」意指因宗教信仰而把猶太人拒絕在外。她走進城裡一家旅館，對櫃檯人員說：「我想要一間房間。」

他回答：「對不起，旅館客滿了。」

「那為什麼排子上寫『仍有空房』呢？」

「我們不招待猶太人。」

「但耶穌是猶太人。」

「你怎麼知道耶穌基督是猶太人？」

「他繼承他父親的事業。此外，我已經改信天主教了。你可以問我任何問題，我可以證明給你看。」

櫃檯人員說：「好。耶穌是怎麼被生的？」

「處女所生的。媽媽的名字是瑪麗，爸爸的名字是聖靈。」

「耶穌是在哪裡出生的？」

「在馬廄裡。」

「對。他為什麼在馬廄裡出生？」

羅絲太太氣憤地說：「因為有像你一樣的混蛋不願租房間給一個猶太女人過夜。」

這種現象在宗教界相當普遍，我是基督徒、佛教徒，這個徒，那個徒，信徒往往因「太過虔誠」而落入所謂的「我執」，為教理執著，為教主執著，原本以慈悲為懷的宗教，到頭來反而變成比不信教的人心胸狹窄。

宗教上的信仰並不代表什麼，如果一個教徒無法讓人感覺到良善與愛，他就不是一個好教徒，這跟你是否虔誠無關。如果你的宗教無法包容別人的信仰，那你又憑什麼認為你的信仰比別人的偉大？又憑什麼說你比別人更有德行呢？

68 輸掉了幸福

你可曾想過，那些你所爭論的東西真的有比幸福更重要嗎？

從前從前，有一位很有智慧的老師。這位智者有許多的徒弟。

有一天，他的弟子中，有兩個人發生了口角。

「這個世界，是由一位無所不能，偉大至高的神在統治著。」

「神是無所不能的嗎？我不相信世界上有這樣的神。」

「那是因為你不懂，才會不相信。」

主張沒有神的弟子，被人說不懂，就很生氣的回答：「那麼，我來問你一下，你認為這一位神，祂可以製作一個很重很重，讓人抬不動的石頭嗎？」

「當然可以啊，因為神是無所不能的。」

「那麼，那塊石頭連神也抬不動囉？」

「你說什麼！神是無所不能的，祂當然抬得動囉？」

主張沒有神的弟子又說了：「這麼說來，既然祂抬得動，那麼你那偉大的神」就是沒有辦法做出一個沒有人能抬得動的石頭囉？」

主張有神的弟子覺得他是在找碴，「我不想聽你胡扯。不管你怎麼說，神都是存在的，而且祂是無所不能的。」

這時，這位智者剛好從旁邊經過，聽到了他們的對談，就問：

「你們倆在吵什麼呢？」

「我們在討論神是不是存在？」

「那麼，你們的結論呢？」

首先，主張有神的弟子開口：「他想要狡辯世上沒有神，故意說出一些不合理的話。神的存在是不容質疑的，他卻硬要狡辯，我實在不知道怎麼說他。」

另一個弟子聽了，也不甘示弱馬上回道：「我說得很有道理，他才是硬要狡辯，又找不出合理的解釋，實在講不通。」

聽到弟子們的話，老師笑了一下說：「你們認為，神是否存在這麼重要嗎？」

弟子倆都點點頭。

「那麼，可以告訴我為什麼這麼重要嗎？」

「當然可以。因為有了神，我們人才能過著幸福的日子。相信神的人，可以獲得無比幸福的感覺。」主張有神的弟子說。

「我的想法剛好相反。如果有神的話，既然神都會決定一切，那人跟稻草人有什麼兩樣。沒有神，我們才能過著幸福的日子，靠著自己的能力去改變生活，不必去相信根本不存在的神。」

聽完弟子的話，老師說了：「你們在吵架的時候，有沒有覺得很幸福？」

弟子們聽到這樣的問話，不知如何回答，過了一會兒，好不容易的說：

「好像沒有。」

「這麼說來，相信有神的人也好，不相信有神的人也好，都沒有感覺到幸福對嗎？」

「是的。」

「那你們既然追求幸福，為什麼反而讓自己不幸福呢？」

聽到老師的責備，兩個弟子都啞口無言。

每一個人都活在他自己的認同裡，那就是為什麼人際關係間老是有衝突，如果你認同某個宗教信仰、認同某個政黨、球隊或觀點，而我所認同的跟你不同，我不認同你的觀點，那樣爭端必然沒完沒了。

這位智者說得很對，相信或不相信神的存在，都無關於我們的幸福。事實上，當你跟別人去爭辯，你就不可能幸福，就算讓你爭贏了，你也輸掉了幸福。

你可曾想過，那些你所爭論的東西真的有比幸福重要嗎？

69 我又不打算吃掉女人

人們無法根據書的封面，來判斷一本書的價值。

有一個父親就快死了，躺在床上，他想給兒子一些忠告，因為兒子在很多方面都很迷失。兒子已經成了城裡的唐璜，成天都泡在女人堆中。

這父親說：「兒子啊，要記住一件事：美麗只是膚淺的，不要為它瘋狂——我告訴你的是我一生的經驗。我以前跟你一樣也是很花，但是現在我覺悟了，在我死後你一定要牢記住，美麗只是膚淺的現象，那只是外表而已。」

兒子聽完沉思了一會兒，說：「爸爸，有那樣就可以了——因為我又不是吃人的野人，我又不打算吃掉女人。對我來說膚淺就足夠了。誰想要女人的內在呢？」

班傑明．富蘭克林說：「人們無法根據書的封面，來判斷一本書的價值。」然而，遺憾的是許多人都是這樣，以書本的封面來判定內容，以人的外表來判定內涵。

美的深度僅及於皮膚表面，書的價值則在於內容。注意外表而不注重內涵，就像到美術館看畫，只注意畫框而不在乎那幅畫，這不是很膚淺嗎？

70 新臉和舊身體

外在的美麗反而突顯內在的醜陋，這不是整型醫生可以修飾的。

夏綠蒂非常在意自己的臉，「我好醜，」她對著鏡中的自己這麼說：「我鷹鉤鼻，下巴太短，耳朵太凸，還吊著一對眼袋。」

在這樣的沮喪中，她去找整型醫生美容，之後她的下巴變長了、鼻子變好看了、耳朵也修飾過，連眼袋都不見了；這幾個月的皮肉之痛終於熬過去，她可以見朋友了，但她仍然悶悶不樂。

有一天，他的朋友安娜驚訝地望著她說：「我不了解你為何如此悲傷，現在的你已經擁有明星般的臉。」

「我曉得，」夏綠蒂難過地說：「但是，現在這副新面孔卻無法和我舊有的身體相稱！」

新臉無法和舊的身體相稱，為什麼？

因為新臉欠缺的是內在美，而舊的身體則是欠缺外在美，這樣當然不相稱，更不可能十全十美。

有位太太非常沒有自信，首飾戴得像聖誕樹，她經常問先生說：「我這樣美不美呢？」

先生不耐煩的回道：「美啦！美啦！」

有一天她又問：「我這樣有沒有十全十美呢？」

先生就回答說：「妳只有十全八美。」

太太聽了很不高興：「我哪兩樣不美呢？」

先生說：「你沒有內在美和外在美。」

外在的美麗反而突顯內在的醜陋，這不是整型醫生或者再多的首飾可以修飾的。

71 國王最倚重的占星師

與其算命，不如造命。畢竟，信不了自己的人，信誰也沒用。

有一天晚上，一個非常有名的占星學家正在看天上星星作研究，因為太專心所以他迷路了。走著、走著，當他覺知到自己掉進一口井時，已經太晚了。「救救我！」他開始大聲喊叫。

有一個老婦人想盡辦法把它救起來。當他從井裡爬出來的時候，他告訴那個老太婆說：「在這個黑夜裡，你或許不知道我是誰，但是我要告訴你我的身份，我是國王最倚重的占星師，一般人很難接近我，但是你救了我的命，我可以幫妳預測未來，明天來找我，我不收取你任何費用。」

那個老婦人笑一笑說：「少來了！不要開玩笑了！你甚至連井在哪裡、路在哪裡都不知道，你還想告訴我關於我的未來！」

你相信占卜嗎？你曾經讓人算命或是改運過嗎？你可曾想過，那些算命若如此神算，為什麼經常算不出自己的命運，讓自己逢凶化吉？為什麼他們不讓自己改改運，讓自己飛黃騰達，那樣就不必辛苦地坐在那裡幫人算命？

我聽說有個人去到一家自稱是神算的命相館，他請裡面的「半仙」幫他算命，在聽完解說之後那個人就要離開。

算命仙大喊：「等等，你忘了還沒給我錢。」

那個人回道：「難道你沒算出我口袋裡根本沒有半毛錢嗎？」

所以，與其算命，不如造命。畢竟，信不了自己的人，信誰也沒用。

72 誰能奈何了你？

你想說什麼，那是你的自由，但我要不要接受，那是我的自由。

傑克帶著不適的身體走進診所找布朗醫生。

「沒錯，從現在起，」布朗醫生說：「你每天必須跑步十公里，你三餐都要準時吃。你必須多吃水果，而且要戒掉香菸、喝酒和咖啡。晚上九點就上床睡覺，如果睡不著，就喝一杯牛奶緩和情緒……還睡不著就喝醋，對，喝醋效果也很好……」醫生就這樣喃喃自語，連續唸了半小時。

於是，傑克起身準備離去。

「等一下！」布朗醫生喝道：「我給你這麼多建議，你還沒付我錢呢！」

「謝謝你，醫生，」傑克說：「可是我不想接受你的建議！」

有人給你建議，你必須先成為一個接受者，只要你不接受，誰能奈何了你？

同樣的情況，當某個人批評你、羞辱你時，你也必須先成為一個接受者，你必須收下他所說的話，如果你不接受，那麼別人也奈何不了你？

你可以試試看，某人責罵你，你只要靜靜地，保持沉默，讓他去說，只要你保持冷靜，不隨風起舞，很快火勢就會變得越來越弱，當你完全不跟他們配合，火自然會熄滅。

你想說什麼，那是你的自由，但我要不要接受，那是我的自由。你或許可以用非常難聽的話語來激怒我，但是如果我不接受，你能怎麼樣？你永遠拿我沒辦法。

73 是這樣嗎？

不回應並不是無言以對，而是不回應就是最好的回應。

唐朝的陸象先生在任同州刺史時，與本州參軍不和。有一次，他的一個家僮在路上遇見這位參軍，沒有下馬請安。這在當時屬於無禮行為。參軍想借機挑釁，於是裝出大發雷霆的樣子，將家僮拉下馬，用馬鞭狠狠揍了一頓，打得家僮鮮血淋漓。然後，參軍扔下鞭子，直接去見陸象先。

參軍對陸象先說：「我打了您的家僮，等於冒犯了您，請讓我辭職回家吧！」照理來說，家僮沒有下馬請安，也算不上什麼大不了的過錯，即使不肯放過，也應該交給陸象先處罰才對。不過，如果陸象先就此炒參軍的魷魚，就有袒護家僮、處事不公之嫌；如果對參軍不聞不問，就輸了一招，真是左右為難。

「是這樣嗎？」誰知陸象先只是淡淡一笑說：「奴才看見官人不下馬，打也可以，不打也可以；官人既然打了他，走也可以，不走也可以。」

他不作正面回應，等於將難題交回了參軍。參軍默思半晌，無話可說，只得躬身而退。

很多問題最好的回應就是不回應。比方，如果有人說你偷他的錢，而你沒偷，你要怎麼證明？如果有人說你很虛偽，但你並不是那樣，你要怎麼證明？有人說了一件你沒做的事，那你能怎麼辦？

你無法證明一件你沒做的事，不是嗎？

相傳在白隱禪師住地附近住著一對夫婦，家中有一女兒，無緣無故懷孕了，她不敢說出真正的父親，在父母苦苦追問下，竟指稱白隱就是孩子的父親。

父母聽了自然怒不可遏，他們將孩子帶到白隱面前說：「這是你的小孩，你這個不知羞恥的罪人，現在他必須由你自己來照顧！」白隱聽完沒有多說什麼，只淡淡地應道：「是這樣嗎？」

他將小孩接過來，照顧他，餵養他，即使街談巷議不絕於耳，白隱仍細心照料。幾個月之後，那個女孩無法忍受思念小孩之苦，所以她把真實的情況告訴父母。他們回到那個和尚那裡說：「我們很抱歉，那不是你的孩子，現在我們要將那個小孩帶回去。」白隱一樣沒有多說什麼，只淡淡地應道：「是這樣嗎？」

白隱真的很「酷」，對嗎？他完全沒有認同，不去回應，不去辯駁，好像事不關已，所以任何結果都不會影響到他。

是的，不回應並不是無言以對，而是不回應就是最好的回應。

74 你老婆說你釣魚去了

所謂迷，就是將夢當真的人，悟就是將真實看成夢幻。

有個人告訴他的朋友說：「昨天我做了一個美妙的夢，一定要跟你說，所以我一直期待早晨來臨好告訴你。」

他朋友說：「什麼樣的夢？」

他說：「在夢裡，我補到一條好大的魚，費了九牛二虎之力才將牠拖上岸，接著我又補到許多魚，後來不知道那些魚都跑到哪裡去了。」

他朋友說：「停止這些無聊的話，我的夢才精彩。在夢裡，我的一旁站著安塔麗娜瓊斯，她脫得光光的，然後我問，『天啊！這裡是天堂嗎？』另一邊也站著一個美女，比那個更辣。」

他變得很生氣，然後說：「你這個笨蛋！還說我是你最好的朋友，那時候為什麼不打電話給我？」

他朋友說：「我打了啊！但是你老婆說你釣魚去了。」

當夢來臨，而你完全進入夢境，夢是完全真實——比實際的世界更真實，因為現實世界裡，你多少可以懷疑，你可以懷疑：「我不會在做夢吧！」但是在夢中，你絲毫不可能懷疑，你在昏睡中，你要怎麼懷疑？除非你醒過來。

沒有人可以在夢正在發生的時候說：「這是夢。」夢若看起來不像真的一樣，那它就會破滅。你一定要等到夢消失或過去之後才會覺知到，這覺知就是醒悟。

那就是為什麼許多宗教和覺者，一再說人生是夢。人生自少而壯，自壯而老，自老而死，為名為利，到頭來一場空，然而生不知從何而來，死又不知去向何方……這不是夢嗎？

所謂迷，就是將夢當真的人，悟就是將真實看成夢幻。夢醒固然難，知道自己正在做夢更不容易。一個醒悟的人，就是他發現人生原是一場夢，我們的欲望是夢，我們所思所想是夢。只是大家都活在睡夢中，被夢境牽著走。

75 禍福難料

送上門的福，有時不是福；接二連三的禍，可能不是禍。

在冬天來臨時，有一隻小燕子，由北方往南方飛。因為天氣突然變得極冷，最後小燕子的身體被凍僵了，掉落在地上。

瀕臨死亡的小燕子，內心不斷地祈禱，希望能有奇蹟出現，讓自己能恢復體溫，順利地飛到南方，避過寒冷的冬天。

後來，有頭牛經過被凍僵的小燕子身旁時，正巧內急，剛好在小燕子身上拉了好大一陀牛屎。

牛屎的溫度將小燕子身上的冰融化了。小燕子僥倖死裏逃生，感到十分溫暖，心中非常快樂，便高興得嘰嘰喳喳地大聲唱起歌來。

這時，一隻餓餓的野狗聽到聲音，就走了過來仔細查看聲音的來源，終於找到那堆牛屎。野狗把堆積在小燕子身上的牛屎，用爪子輕輕撥開，然後大嘴一張，就這樣把小燕子給吃了。

不幸，也許裡面包裹著的是幸福；而好運呢，也許是被偽裝的歹運。人生很多事情本來就很難定論。某件看起來「好」的事物，明天看來反而是「壞」。相對的，今天以為不幸的事物，明天很可能變成一種「幸福」。

命運有時只是一個假相而已，所以，當你看一個成功發達的人別光看他的成就，隨著成功而來的有各種的災難；當你看一個落破悲慘的人別光看他的失敗，隨著那個失敗而來的有各種祝福。

送上門的福，有時不是福；接二連三的禍，可能不是禍。人生禍福、好壞、對錯本來就很難預料。何不隨緣呢？

76 這沒有什麼

變老並不等於成熟，真正的成熟在於看透。

有一匹戰馬隨著將軍馳騁戰場，立下大功。後來還在一次戰鬥中救了將軍的命，那次戰爭結束後，將軍為了感謝牠，就為牠換了一身新的馬具，並在牠的脖子上掛了一朵大紅花，牽著牠在馬場上繞行一圈，讓所有的馬向牠行禮致敬。

這時，一匹小馬對牠說：「你真了不起啊！你獲得了如此崇高的榮譽，這在我們馬族史上，是絕無僅有的，真令人羨慕！」

這匹戰馬只是淡淡地說：「這沒有什麼，我不過是盡了我的本分而已。」

三個月後，這匹戰馬在戰場上受了傷，由於無法醫治，獸醫決定把牠送進屠宰場。在進屠宰場時，牠又與以前那匹小馬不期而遇，「你的處境可真悲慘！想想在幾個月前，你是何等的威風，而現在竟淪落到此。」

「這沒有什麼，我只不過是比你們早走一步這條大家都要走的路而已。」牠淡淡回道。

或許你已經得到一切，已經功成名就，但唯有當你看淡人生榮辱，知道這一切只是來來去去，唯有當你了解這一切都是虛空，你才能成為一個真正成熟的人。

變老並不等於成熟，真正的成熟在於看透，看淡一切，不管你曾多風光，你最後都會到盡頭。你看過山峰，也走過山谷，你已經看透聲望是虛，名利是幻，到頭來終將一死，所以不管生命要帶你到哪兒都沒有差別。

因為你已經領悟到那個最終的道路，你可以淡淡的說：「這沒有什麼」。

77 放不下

若能無我，當下就放下；若能放下，痛苦當下就消失。

老王奄奄一息躺在床上。全家人都已聚集在床邊。他以微弱、發抖的聲音詢問：「阿明在這裡嗎？」

「在！」他的大兒子回答。

「莉莉在這裡嗎？」

他的女兒說：「在，爸爸！」

「小強在這裡嗎？」

最小的兒子說：「我就在這裡！」

老王使盡最後的力氣說：「如果你們全都在這裡，店裡要是有客人來怎麼辦？」

人都快死了，還有什麼放不下呢？

你說，我放不下工作、我放不下孩子、我放不下感情……。你是真的放不下他們嗎？不，你放不下的其實是自己，放不下的是你對「他們」的執著。

其實，死亡本身並不會有絲毫的痛苦，少了肉身的束縛，反而是愉快舒服的經驗，人們之所以認為死亡是痛苦的，那是因為牽掛和想抓住的東西太多了，既不得不走又捨不得離開，既不得不放又捨不得放手，結果把死弄得如此的痛苦難過。

其實，若能無我，當下就放下；若能放下，痛苦當下就消失。

78 掃點陽光進來

一切你所需要的就是把門窗打開，敞開心門，光亮就會進來。

有兩個小孩，看到臥房窗戶整天都是密閉著，他們覺得屋內太陰暗了，看見外面燦爛的陽光覺得十分羨慕。

兩個兄弟就商量說：「我們可以一起把外面的陽光掃一點進來。」於是兄弟兩人，就拿著掃把和畚箕，到陽台去掃陽光了。

等到他們把畚箕搬到房間裡的時候，裡面的陽光就沒有了。這樣一而再、再而三的掃了許多次，屋內還是一點陽光都沒有。

在廚房忙碌的母親看見他們奇怪的舉動，問道：「你們在做什麼？」

他們回答說：「房間裡太暗了，我們要掃點陽光進來。」

母親笑道：「只要把窗戶打開，陽光自然會進來，何必去掃呢？」

就像你無法透過努力得到喜樂一樣，你也無法透過努力把陽光掃進來。這麼做是沒用的。你無法透過努力來得到幸福快樂的。你的努力也許還會弄巧成拙，因為當你越努力，就越焦慮；當你越期待，就會越緊張、也越不快樂。

反之，當你放下努力，你整個人也將跟著放鬆下來。當你以現在的樣子就覺得很快樂，那不管你去到那裡，快樂都會跟著你走，你將隨處都見到陽光。

是的，一切你所需要的就是把門窗打開，敞開心門，光亮就會進來。

79 你做的夠多

所有的恨都是從愛而來，所有的怨都是從犧牲而來。

醫院病床上躺了一個老太太，她的丈夫與子女陪在身側。老太太以微弱的聲音說：「我從來沒有認真活過。」

她的先生率先回答：「千萬別這麼，你是個好太太、好母親，對家庭盡心又盡力。」

「沒錯，但我做得不夠。」

「媽，別這麼說。你總是支持我們、照顧我們，每天從早忙到晚，太辛苦你了，媽媽。」女兒說道。

隨後她兒子走上前來彎身探向母親的床，溫和地對母親低語：「媽，你為我們做的實在夠多了，你看，就連你自己的身體都累壞了。」

「沒錯，但我做得不夠。我給得太少，愛得太少，不應該一天到晚只會工作。」

大家都堅持說：「別這麼說，媽媽，你做的夠多，夠好了。」

「不，」老太太最後說了：「我的意思是，我為自己做得太少了。」

我看到太多「偉大的母親」，就是這樣，她們病了，她們這裡痛那裡痛，然而他們的心更痛，原因是以前為別人「做太多了」，而今呢？孩子成家立業，丈夫飛黃騰達，自己卻失去了重心。這些不甘「被犧牲」的媽媽，開始嫌兒女不孝，對媳婦不滿，還怨丈夫沒心肝，恨丈夫過去的種種……

是的，如果你一直去滿足別人，你將會對別人產生不滿；如果你一直犧牲自己，你也將成為別人的負擔。所以，隨處你都可以聽到父母在怨子女，妻子怨丈夫，女友怨男友，為什麼呢？對，是因為犧牲，因為她一直付出、付出、再付出，卻得不到「應有」的回報，不滿和怨恨也由此而生。

犧牲太多，到頭來怨恨必然越多。所有的恨都是從愛而來，所有的怨都是從犧牲而來。你注意到了嗎？那個你最恨的人，也就是你為他犧牲最多的人；那個你最愛的人，也就是你最常抱怨的人。

80 怎麼擠就是擠不出來

那個未來的「甜頭」不斷懸在眼前，但你卻從未好好享用過。

從前有一個貧窮的人，想要請親朋好友來家裡做客。

他想了很久，決定要用牛奶來招待他們，於是便開始在心裡打算著：「這麼多人要喝的牛奶，我該怎麼準備呢？如果我每天都擠一些牛奶的話，每天擠、每天擠，一天一天累積起來，到時候不但沒有地方放，而且搞不好還會變酸、壞掉。那還不如現在就把牛奶存在母牛的肚子裡，等到請客的時候再來擠，這樣又節省空間，又不會壞掉，實在是太棒了。」

這時，他非常地開心，覺得自己實在是太聰明了，想到這麼好的辦法，就趕緊把小牛和母牛分開，免得小牛不小心就把母牛的牛奶吸光了。

很快地，一個月過去了。到了宴客的日子，來了很多的人，好不容易安頓好親朋好友，總算可以開始大宴賓客，便興沖沖地將母牛牽出來，準備開始擠牛奶。可是，沒想到，擠了老半天，怎麼擠就是擠不出來，而且連半滴也沒有。

這時候受邀的客人，又是生氣，又覺得好笑，真不知道該怎麼說他，實在是哭笑不得！

這故事要說的是：等待快樂，不如即時行樂。

談到快樂，大多數人總脫離不了我們從小到大根深柢固的想法，以為快樂必須等到有什麼「特別值得高興」的事情發生。必須是得到某個東西、獲得某個結果，或是等到某個特別的日子。

小時候，父母會告訴你：「等你長大以後，你就可以……」而當你長大了一點，他們會說：「還不是現在，要等你考上大學，等你找到工作，等你事業有成，等到你的孩子都長大了，到那時候，你就可以……」然後，你就真的快樂嗎？

不，「等到」那時，你又會有新的願望，你又開始下一個等待……。那個未來的「甜頭」不斷的懸在眼前，但你卻從未好好的享用過。

你不覺得我們很像那個擠牛奶的人嗎？到後來，擠了老半天，怎麼擠就是擠不出來──因為我們已失去了快樂的能力。

81 當個快樂的傻瓜

你難道沒有發現嗎？那些不計較、不在乎自己的人，多半比較快樂。

在「吳尊賢回憶錄」有一則發人深省的故事，內容是這樣：孩子要結婚前，老闆顧慮到他的老伴與媳婦可能不易相處，就對太太建議說，孩子結婚後，應讓他們另外居住，但太太堅持不肯，她說：「我們只有一子一媳，應讓他們跟我們住在一起。」老闆只好同意了。

剛結婚時，婆媳之間還很融洽，但過了不久，問題就發生了，婆婆整天說媳婦的不是。老闆好言相勸，太太聽不進去，孩子夾在當中也不敢說什麼，大家都過著苦悶的日子。老闆認為這樣下去也不是辦法，於是再次對太太提起：

「是不是應該分開居住？」

太太終於同意了，老闆就說：「我們在三分子有一棟別墅，是不是我們搬到那邊去享受，比較好？」太太一想，認為不對，這個店是自己千辛萬苦建立起來的，這樣做不是太傻，堅持不肯同意。

老闆再建議說：「那麼只好我們住這裡，讓年輕人住三分子。」太太想了想又說：「這樣不對，他們年紀輕輕就去住別墅，我們兩個老的在這裡當班看店，讓他們去享受，不行。」就這樣東不行、西也不行。

這太太就是太自我了，害怕自己會吃虧。結果把原本是歡樂的家，現在卻變成了苦海。

最近一位朋友因婆媳的問題跑來找我，希望我幫他出個主意，我直接告訴他：「我無能為力。」因為我了解那是怎麼回事。

媳婦說話不客氣，婆婆很不高興，如果先生說：「她不是有意的，她只是說話比較直。」婆婆就怪兒子偏袒太太；太太不高興婆婆指導自己如何烹飪和做家事，如果先生說：「別想太多了，媽媽只是想跟妳分享她的經驗。」太太則會抱怨丈夫偏袒婆婆⋯⋯。雙方都忿忿不平，像這樣，大家都那麼自我，我能說什麼。

清初文人鄭板橋說過的千古名言，你應該也聽過：「難得糊塗——聰明難，糊塗難，由聰明而轉入糊塗，更難。放一著，退一步，當下心安，非圖後來福報也。」

快樂不是因為擁有的多而是計較的少。有時候人就是要學習糊塗一點，笨一點，當個快樂的傻瓜又何妨。

你難道沒有發現嗎？那些不計較，不在乎自己的人，多半比較快樂。

82 有什麼好怕的？

既然你已作了最壞打算，那麼，剩下的便沒有什麼好擔心的了。

有位數學教授坐在機艙裡，擴音機傳來機長的聲音：「各位乘客，您搭乘的這架飛機現在出點狀況。飛機的四個引擎之一不能運轉。但是各位無需擔心，三個引擎就足夠帶我們抵達目的的，只是我們將耽誤三小時到達。」

過了十五分鐘，他又說：「對不起再度打擾您：飛機的第二個引擎也壞了。但請放心，我們仍可安全抵達目的的，飛機將延誤六小時抵達。」

半小時後，他又宣佈一遍：「各位先生、各位女士，很不幸地，我們的第三個引擎也停止運轉了。但請各位不必驚慌。一個引擎足以帶我們安全到達。

但飛抵時間將延遲九小時。請各位原諒。」

結果五分鐘後他又廣播：「如果各位想要祈禱的話，請盡快，因為我們的最後一個引擎也停了。」

瞬時間，機艙裡陷入一片恐慌、混亂。但數學教授卻安安靜靜地坐著。看到鄰座開始又哭又叫的，他不解的說：「怎麼了，你們在擔心什麼？我們也不過是延遲十二個小時到達而已，有什麼好怕的？」

在這種情況下，只有兩種可能：發生墜機，或者沒發生。

如果沒發生的話，那就沒什麼好怕的。但是如果發生了，也有兩種可能：很嚴重，或者不嚴重。

如果不嚴重的話，那就沒什麼好怕的。如果嚴重的話，也有兩種可能：會存活，或者是死掉。

如果是存活，那就沒有什麼好怕的。如果死掉的話，死了都死了，還有什麼好怕的。

有句話說得好：「如果問題解決得了，何必擔心？如果問題解決不了，何用擔心？」沒錯，擔心永遠是多餘的。

83 不走，又怎麼再來？

只拿不給，只進不出，有誰會希望你再來？

有一個退休的紐約商人在凱茲基爾山有一座龐大的避暑山莊。他心地善良，正因為如此，每個夏天對他來說都是噩夢。那些所有來自各地的親戚都會蜂擁而至，鬧得他心神不寧，直到夏天結束。

一天，他坐著正憂愁地打量一個年輕人，據說是他哪個表兄的姪子。他嘆了口氣說道：「你以後不會想再來這裡嗎？」

「瞧你說的！」年輕人熱切地回答：「啊，你是最熱情好客的主人！我以後當然還會再來！」

「但是，你一直不走，又怎麼再來呢？」主人不高興地說。

沒有出去，又如何進來？沒有付出，又哪來的獲得？

只拿不給，只進不出，有誰會希望你再來？

84 頂多只能翻譜子的人

一個人越去強調什麼，越想去證明什麼，情況就正好相反。

二十世紀初，法國巴黎舉行過一次十分有趣的小提琴演奏會。有一個琴藝不太高明的演奏家，準備開獨奏會。為了出名，他想了一個主意，請喬治・艾涅斯庫為他伴奏。

喬治・艾涅斯庫是羅馬尼亞著名作曲家、小提琴家、指揮家、鋼琴家，被人們譽為「音樂大師」。再他的苦苦哀求下，大師終於答應了他的要求。並且還請了一位著名鋼琴家在臺上幫忙翻譜。小提琴演奏會如期在音樂廳舉行。

沒想到，第二天非但沒有聽到各界肯定，巴黎有家報紙還用道地的法蘭西式的俏皮口氣寫道：「昨天晚上進行了一場十分有趣的音樂會，那個應該拉小提琴的人不知道為什麼在彈鋼琴；那個應該彈鋼琴的人卻在翻譜子；那個頂多只能翻譜子的人，卻在拉小提琴！」

一個越沒錢的人，就越喜歡展現他的財富；一個越無知的人，就越愛展現自己的知識；一個越無能的人，就越急著表現他的能力；一個人越沒什麼的人，就越喜歡強調自己有什麼。事實上，那些人們想要展示的正是他們想隱藏的部份。

一個越自誇的人，內心就越自卑；一個越喜歡吹噓自己長處的人，就越容易暴露自己的短處；一個越希望出名，希望大家認識他的人，其實在他內心深處，往往認為自己什麼都不是。

沒錯，一個人越去強調什麼，越想去證明什麼，情況就正好相反。

85 一旦話從口出

時光會流逝，但你說過的話會留存。

有個脾氣很壞的男孩，一遇到不順心時，總是亂發脾氣。父親見他如此，便給了他一袋鐵釘，要他每次發脾氣時在後院牆上釘一根，結果第一天男孩就釘了三十七根鐵釘，但隨著時光流逝，他釘的鐵釘越來越少，釘鐵釘也不是件容易的事，男孩發現了管好自己的脾氣似乎比釘鐵釘還簡單些。

當男孩終於學到不會失控亂發脾氣那天，父親要他每次能壓抑住自己發脾氣的衝動時，就去後院拔掉一根鐵釘，當男孩告訴父親自己把後院的鐵釘都拔光時，父親拉著他的手走到後院，對他說：

「我的好孩子，你終於學會了，」父親說，「但你要記住一件事，亂發脾氣，就像你當初釘下鐵釘一樣，一定會留下痕跡，即使後來你拔掉了這些釘子，當初釘出來的洞也不會消失，如果你說話傷害了其他人，即使在事後道歉也是徒然，因為傷害已經造成了。要知道，用話語造成的傷害，絕不會比拿刀捅人還輕微。」

莎士比亞說：「侮辱人的話，彷彿用手指寫在沙灘上；而受到侮辱的人，卻用鋼板把這些話刻在心頭上。」

時光會流逝，但你說過的話會留存。沒錯，一旦話從口出，就再也嚥不回去。

86 如魚得水

快樂的秘訣不在於做你喜歡的事，而在喜歡你做的事。

西雅圖有個很特殊的魚市場叫做Parkplace Market，他們特殊的賣魚及批發處理魚貨的方式，曾被無數的電視台報導過，也使之成為遊客如織的觀光點。不同於一般魚市場埋頭苦幹的沈默與沈重，這個西雅圖魚市的魚商，創造了一種像遊戲般的工作方式，不但娛樂自己，也娛樂客人。

在這裡，你看不到臉色沈重的人，他們總像面帶笑容、合作無間的棒球隊，大家身手不凡，讓冰凍的魚像棒球一樣在空中飛來飛去的傳遞，大家互相唱和：「啊，五條鱈魚飛往明尼蘇達去了。」「八隻螃蟹飛去堪薩斯。」練久了，人人身手不凡，可以媲美馬戲團團員。這種工作的氣氛也影響了附近的上班族，他們常到這兒來和魚販一起用餐，感染他們樂在工作的好心情。

有不少無力於提昇工作士氣的主管，還跑到這裡來找魚販，問他們：「為什麼一整天在這個充滿魚腥味的地方做苦工，你們竟然可以這麼快樂？」魚販們也已經習慣幫這些上班族當心理諮詢師。

魚販們還會邀請顧客參加「接魚」遊戲。即使怕魚腥味的人，都很容易在熱情的掌聲中一試再試，意猶未盡。每個愁眉不展的人，進了這個魚市場，很少不笑逐顏開的離開，手中提滿了情不自禁買下的魚貨。

這故事是朋友寄給我的，深富啟發，希望你也喜歡。

的確，快樂不在擁有所愛，而在愛你所擁有。我非常贊同蘇格蘭著名小說家兼劇作家詹姆士．巴瑞的生活哲學，他說：「快樂的秘訣是喜歡你做的，而不是做你喜歡的。」如果你能熱愛你所擁有的，而不是一再期待你所愛的，你又怎麼會不快樂呢？

最近有位朋友正在為應該接受兩份工作中的哪一份工作而苦惱，兩份工作都很吸引他，但是拒絕其中一份對他都是損失，他感慨說：「我覺得做了也錯，不做也錯。」

我很訝異他會這麼說，這明明是件好事啊。

「我覺得你很幸運啊，」我告訴他，「你可以自由選擇。不管你怎麼決定，做了也好，不做也很好。」

只要能喜歡你所擁有的，那就沒有什麼是不好的。不是嗎？

87 營帳被人偷走了！

當黑夜來臨的時候，星星也會閃閃發亮。

大偵探福爾摩斯和好友華生醫生到野外露營。半夜，兩人同時醒來。福爾摩斯問華生：「你看見什麼了？」

華生：「滿天燦爛的繁星。」

福爾摩斯：「那你想到什麼呢？」

華生：「我想到上帝所創造的宇宙浩瀚無際，真是太美、太偉大了。那你想到什麼呢？」

福爾摩斯：「我想到我們的營帳被人偷走了！」

作家普洛斯特（M・Proust）說得對：「真正的發現之旅，並不在於尋找新的景觀，而在於擁有新的眼光。」

這世界上永遠沒有絕望的處境，只有絕望的人。陰沉的天氣敵不過開朗的心情。當黑夜來臨的時候，星星也會閃閃發亮。

88 妳應該踩煞車

不管情況有多糟，記住，你一定還有其他選擇。

阿美參加駕照考試。

主考官問她：「妳在開車時，看到一個人與一條狗。妳是撞人還是撞狗？」

阿美毫不考慮，馬上回答：「我會撞狗。」

主考官搖搖頭，說道：「妳還是下次再來吧！」

阿美很不服氣地問道：「難道你要我去撞人嗎？」

主考官看了阿美一下，回答道：「不，妳應該踩煞車！」

你還有其他的選擇。

當你被攻擊時，你總是以憤怒或回擊來反應。你有沒有想過？你可以選擇不同的反應。

當你挫敗時，你總是失望或痛苦，你有沒有想過？你可以選擇不同的態度面對。

當你失意時，你總是陷入悲傷或沮喪，你有沒有想過？你可以選擇另一種心情。

不管情況有多糟，記住，你一定還有其他選擇。

89 我還是會微笑的

只要你笑，世界也會跟著你笑。

有一對衣衫破舊的母子到了一處風景區遊玩，他們雖然沒有錢，但還是玩得非常開心。當那對母子逛到了有攝影師在幫人拍紀念照的地方，拍照人站立的後面背景是整個風景區最美麗的地方。

小男孩拉著媽媽的手說：「我們去拍一張照片好不好？」

母親說：「不要啦！我們穿得這麼破。」

小男孩說：「媽媽，那有什麼關係，我還是會微笑的。」

我們無法改變處境，但可以改變心境；我們無法改變人生，但可以改變人生觀。沒錯，只要你笑，世界也會跟著你笑。

我想起有段話是這麼寫的：

你不能左右天氣，但你可以改變脾氣；

你不能改變容貌，但你可以展現笑容；

你不能控制他人，但你可以掌控自己；

你不能預知明天，但你可以利用今天；

你不能樣樣順利，但你可以事事盡力。

把這些話記下來，就當做你的座右銘吧！

90 珍藏貝殼，遺忘沙

不記雲，不記雨，只記晴天。

英國有位詩人和他的妻小一塊居住在海邊。他的兒子漸漸長大，發現到爸爸有一件事始終令他不解。他看到爸爸無論是特別開心或心情特別不好的時候，都會獨自一人到海灘散步，但奇怪的是，他高興的時候會帶漂亮的貝殼回來，心情不好的時候，就兩手空空回來。

兒子對此感到好奇。這天，恰巧有位遠方的朋友幫了爸爸一個大忙，事後果然爸爸又到海灘散步。兒子好奇地跟出去，只見爸爸挑了塊漂亮的貝殼，帶回家清洗，小心翼翼地在貝殼裡頭寫上那位朋友的姓名與當天的日期。

幾天後，詩人爸爸遭受某人無禮的批評，氣得不得了。當天晚上，他又是獨自一人到海邊散步，兒子跟在後面，想知道爸爸為什麼不撿些貝殼回來，讓自己開心一點。這回他跟了半天，才發現爸爸將那個人的名字與當天的日期全部寫在沙灘上，然後就回家了！

兒子一回到家，就忍不住好奇地問：「爸爸，為什麼你要把對你好的人的名字寫在貝殼上，把得罪你的人的名字給寫在沙灘上呢？」

詩人爸爸回答：「貝殼值得珍藏，當我看到那些美麗的貝殼時，就會想起世界上原來有那麼多對我好的人，心情會好很多。而至於那些不好的回憶，就任它們像沙灘上的字一樣，讓時間的潮流給沖逝，不要讓它們繼續影響我隔天的心情。」

珍藏貝殼，遺忘沙。這是我非常喜歡的故事，分享給大家。

不記雲，不記雨，只記晴天。

91 活著就要快樂啊！

不管你失去了什麼。切記，不能再失去你的快樂。

有對失業的年輕夫婦，在早市擺攤子，靠微薄的收入維持一家五口的生活。這對夫妻，丈夫喜歡養鳥，妻子喜歡養花。即便失業，鳥籠裏依舊傳出悅耳的鳥啼聲，陽台上的花兒依舊鮮艷奪目。失業後的他們，收入減少許多，卻仍快樂不已，鄰居們都感到相當詫異。

一天，記者去採訪他們。丈夫說：「我們雖然無法改變目前的境況，但是我們可以改變自己的心態。」妻子說：「我們沒了工作，可是不能沒有快樂，如果連快樂都失去了，那活著還有什麼意思？」

失去工作只是失去工作，然而一旦你失去快樂，就失去所有。

幽默大師林語堂，當他在七十六歲突遭喪女之痛，妻子問他：「我還活著幹什麼？」

他答道：「活著就要快樂啊！」

是的，活著就要快樂。不管你失去了什麼——是失去了你心愛的東西，還是失去你所愛的人。切記，你已經損失那麼多了，千萬不能再失去你的快樂。

GOBOOKS
& SITAK
GROUP©